JN249495

解説者のコトバを聴けばサッカーの観かたが解る

河治良幸　著

内外出版社

CONTENTS

序章 解説者のコトバには試合を楽しむヒントがあふれている 5

第1章 優秀な指導者はなぜ、優秀な解説者なのか？ ★反町康治の場合★ 9

反町康治が考える「指導者」と「解説者」 13／分析と解説と。見せる部分としゃべる部分 17／現場を優先する指導者のポリシー 19／指導の現場から生まれるコトバの深み 23／「何でバルサに勝ったのか？」に注目する 27／うまくしゃべれる人は指導者としても成功する 32／いかに弱者が強者を倒すか。「それが一番楽しい」 36

第2章 サッカー中継・解説徹底比較！ ★NHK-BS vs 民放地上波★ 39

❶試合前 42／❷試合開始 44／❸日本先制ゴール 46／❹イラクの猛攻に耐える 48／❺大迫が倒されるがファウルなし 51／❻給水タイム 52／❼前半終了 54／❽負傷の井手口から今野への交代 56／❾倉田の投入 57／❿失点と酒井宏の負傷 59／⓫試合終了 61／［総括］ワールドカップ予選中継・解説比較 64

第3章

解説者は「生中継」をどう戦うか？　★都並敏史の場合★　67

情熱の分析家。都並敏史の解説スタンス　70／〝人生サイドバック〟という解説　73／「なんじゃこりゃ!?」を間近で見続けてきた恩恵　75／解説をしながら見つけていく作業　79／〝危ない時間帯〟を見分ける判断基準　82／選手が言う攻撃の「距離感」とは？　86／都並敏史の視点で見る〝クラシコ〟　89／究極の〝矛盾対決〟を象徴した国王杯ファイナル　90／モウリーニョの中盤を〝潰す〟守備戦術　93／勝負を決した延長戦。何が変わったのか？　96／周囲の批判は気にしないが、指摘は聞く　101

第4章

実況アナウンサーの「解説者取扱説明書」　★柄沢晃弘アナの場合★　105

カズのセリエA挑戦で幕が開いた〝オフチューブ中継〟　106／解説者は「指導者型」と「プレーヤー型」　107／いかにして解説者の個性を引き出すか　109／解説者のコトバで放送の価値を高める　112／サッカーを楽しむための演出技法　116／スペシャルゲストがやって来た　118

柄沢アナが〝解説〟する！　WOWOW解説陣10傑

奥寺康彦　122／野口幸司　124／北澤豪　126／宮本恒靖　127／都並敏史　129／安永聡太郎　131

城彰二　133／関塚隆　134／望月重良　136／宮澤ミシェル　137

第5章 ジャーナリスト解説者は、なぜ「呼ばれる」のか？ ★後藤健生の場合★ 139

「ジャーナリスト解説者」の強み 141／観ている人の邪魔をしない 143／ジャーナリスト解説者への逆風 145／「書く」と「しゃべる」の違い 147／ジャン・ミシェル・ラルケのコトバ 150／ジャーナリスト解説者の腕の見せ所 154／いつも心に八塚さんを 156／観えないものを想像する 158

第6章 試合後の「コトバ」がサッカーを進化させる ★中西哲生の場合★ 161

サッカーを伝える「翻訳者」であること 163／ベンゲル監督との出会い 167／深くても〝わかる〟解説の仕掛け 171／結果を知らずに観る 175／常にアップデートすること 183／コトバのカテゴライズがサッカーを進化させる 191

終章 「サッカーファン総解説者」の時代へ 202

序章

解説者のコトバには試合を楽しむヒントがあふれている

テレビでサッカーを観ていると、いつもそこには解説者がいる。

日本のサッカーファンにとっては、いわば「定型フォーマット」とでもいえる状況だ。だが、世界に目を向けてみると、これは必ずしもスタンダードというわけではない。サッカー中継に解説者が呼ばれない（実況者が一人でしゃべる）場合もあれば、ハーフタイムなどの特設コーナーで、元選手や元監督がプレーを詳しく語るだけといったケースも少なくない。

では、日本にはなぜ、解説者がいるのか？

ならばあらためて、解説者の存在理由を考えてみよう、というのが本書のテーマである。

「解説」にはニーズに応じて様々な手法がある。まずは、1つひとつのプレーを説得力のあるコトバで表現する**プレー解説**の手法がある。あるいは、試合の流れから先の展開や監督の交代カードを予測する**俯瞰解説**の手法もある。そのほかにも、観戦に役立つ試合の背景的なエピソードや情報を伝える**知識解説**といった手法もある。注目度の高い代表戦などでは、現地のムードを日本に伝える**応援解説**の役割を期待されることもあるだろう。

いずれの手法も、目的はただ1つ。視聴者を中継に引き込むことである。試合展開を伝えるだけなら、優秀な実況アナウンサーが1人いれば、サッカー中継は成り立つだろう。しかし、そこに解説者のコトバを加えることで、テレビの画面に映る試合に奥行きと彩りが与えられる。さらに言えば、「観戦のプロ」である解説者のコトバには、一般視聴者のサッカー観戦ライフ向上に役立つヒントがあふれているはずだ。

本書では「解説者のコトバ」をコンセプトに、解説に関わる5人のトップランナーを取材し、それぞれのテーマにそって、彼らのコトバの意味に踏み込んでいく。

かつて気鋭のサッカー解説者として絶大な支持を獲得し、現在はJリーグクラブの監督として活躍する**反町康治**氏には、解説と指導の関係について「本音」を語っていただいた。元日本代表の伝説的なサイドバックであり、トップ解説者の1人として地上波から専門チャンネルまで幅広く活躍する**都並敏史**氏には、リアルタイムの90分を解説するための視点と技術、心構えについてお聞きした。90年代から海外サッカー中継の主翼を担ってきた「実況マエストロ」ことWOWOWの**柄沢晃弘**アナウンサーには、解説者からいかに効果的なコトバを引き出すか、普段はなかなか知り得ないエピソードも織り交ぜて語っていただいた。

筆者の大先輩でもあり、サッカーメディアの〝生き字引〟とも呼ばれるサッカージャーナリストの**後藤健生**氏には、プロ選手・プロ監督経験を持たないジャーナリストがなぜ解説者として呼ばれるのか、その役割とスタンスについての哲学を聞いた。そして、テレビやラジオで幅広く活躍し、最近では久保建英選手などのパーソナルコーチとしても知られる**中西哲生**氏には、報道番組のスポーツコーナーや特集番組などで、あらゆる視聴者層にサッカーを伝える解説のコトバのエッセンスを語っていただいた。

インタビューを主体とした5つのテーマに加えて、第2章では日本代表の試合中継における

ＮＨＫ－ＢＳと民放の地上波の解説を徹底比較し、解説者のコトバが、視聴者のニーズに応じてどのように変わるのかを検証した。題材にしたのは２０１７年６月に行われたロシアワールドカップ・アジア最終予選のイラク戦。ＮＨＫ－ＢＳと民放の地上波が、この大一番をそれぞれどのように伝えたか、試合の〝潮目〟となった出来事と時間帯に分け、解説者たちの主なコトバを抽出した。その目的は両者の優劣を決めることではなく、比較を通して解説者のコトバの意図を理解することだ。

読者の多くは、これまでにもたくさんの解説者のコトバを聞き、サッカー観戦に役立ててきただろう。本書を通じて、より意識的に解説者のコトバを理解することで、サッカーの観かたをさらに深めていってほしい。そのような願いを込めて、書いたものである。

第1章

優秀な指導者はなぜ、優秀な解説者なのか？

★反町康治の場合★

反町康治（そりまち・やすはる）

現役時代は横浜フリューゲルスや平塚（現・湘南）でプレーした元日本代表ミッドフィルダー。1997年に現役を引退すると、1998年のFIFAワールドカップ中継（NHK）で解説を担当。その後、スペイン・バルセロナでのコーチ留学を経て、帰国後はスカパー！のリーガ・エスパニョーラ放送の解説を担当した。2001年から監督業をスタートし、新潟、湘南、松本の3クラブをJ1昇格に導く。2006年から2008年までは北京五輪代表監督も務めている。

【選手歴】 1987～1992年 全日空／ 1992～1993年 横浜フリューゲルス／ 1994～1997年 平塚（現・湘南）
【指導歴】 2001～2005年 新潟監督／ 2006～2008年 U-23日本代表監督／ 2009～2011年 湘南監督／ 2012年～ 松本監督
【ライセンス】 日本サッカー協会公認S級

サッカー解説者の多くは、プロサッカー選手としてのキャリアを持つが、指導者経験を持つ解説者へのニーズはとりわけ高い。選手経験を持つ解説者であれば、個々の選手のボールタッチや判断について**プレー解説**することは難しくない。だが、試合展開を予測する、あるいは選手交代の裏にある監督の狙いを読むといった**俯瞰解説**には、また別の視点を要するのだ。そのようにゲームの大局を観る際には、指導者、とりわけトップチームの監督経験を持つ解説者のコトバに、より大きな説得力がともなうことは確かだ。

そうした指導者経験を持つ解説者がJリーグクラブなどからオファーを受けた際に、指導の現場を優先するのは当然の決断だろう。プロである以上、待遇面が1つの判断材料となることは間違いない。が、それ以上に指導者としてサッカーに関わることの〝やりがい〟を第一に考え、オファーを受けることを検討する解説者は多い。

それは、指導者を目指すプレーヤー上がりの解説者にも言えること。指導者ライセンス取得のための勉強や研修をこなしながら、解説者としても活躍する元選手は少なくない。また、カテゴリーによっては監督あるいはコーチと解説者の二足の草鞋《わらじ》を履く例もあるが、Jリーグのトップチームを率いるとなると、シーズン中の〝兼業〟は難しいだろう。

現在Jリーグのクラブを率いる指導者の中でも、**風間八宏**氏（川崎→名古屋）や**高木琢也**

氏（横浜FC→東京V→熊本→長崎）、**相馬直樹**氏（町田→川崎→町田）は、指導者としてキャリアを積む以前には解説者として高い評価を得たものの、やはり現場での指導の道に進み、気鋭のJリーグ監督としてすっかり定着している。

「優秀な指導者＝優秀な解説者」の代表例が、松本山雅FCの監督・**反町康治**氏だ。反町氏は1997年に現役を引退すると、すぐにNHKなどの解説者として活躍。1998年のFIFAワールドカップでも解説を担当した。その後、スペインのバルセロナでのコーチ留学を経て、帰国後はスカパー！のスペインリーグ解説で人気を博し、当時を代表する解説者の一人となった。

しかし、現役時代からコーチングライセンスを取得するなど、もともと指導者を目指していた反町氏は、2001年に当時J2に籍を置いていた新潟の監督に就任。その2年後にJ2優勝を果たし、チームを初のJ1昇格へと導いた。2005年の退任後は、北京五輪代表の監督として2008年夏まで活動。一度は解説者に復帰したが、その後は湘南や松本の監督を歴任し、それぞれチームをJ1へと昇格させている。

現場の監督と解説者では、当然立場は異なるが、試合を分析する視点については共通点が多いはずだ。加えて、Jリーグで3つのクラブをJ1昇格に導いたこの名将は、監督会見での

練習場での反町監督は、主力組、サブ組、GK組など各グループをくまなく回り、コーチ陣や選手たちに声をかける

練習後、メディアの質問に答える反町監督

ウィットに富んだ発言でも知られている。監督と解説者の両方の分野で一流の仕事をこなしてきた彼のコトバは、サッカーを楽しむ視聴者にとって意義深いものになるだろう。

反町康治監督に会うために、筆者は松本の練習場「かりがねサッカー場」を訪れた。

チームの練習を終え、メディアの囲み取材をこなした反町監督が、そのままインタビュールームに入ってきた。筆者が手土産に持参したサッカー雑誌数誌を渡すと、それをパラパラめくりながらつぶやいた。

「この雑誌はずっと読んでいたよ。モウリーニョの記事がよく載っていたからね。今も本当は読まないといけないんだけど。まあ読まないといけないということはないか」

Ｊリーグクラブの監督として対戦相手の分析に余念がない反町監督だが、多忙な時間の合間を見つけては、海外サッカーの試合をチェックしている。現在もＪリーグのオフシーズンには、かつてレギュラー解説者として活躍していたスカパー！の試合の解説を、自ら〝志願〟することもあるという。

そんな反町監督のモットーは「サッカーの潮流を逃さない」ことだ。特に、昇格したシーズンに次々と強豪チームを倒して躍進するクラブや「智将」と評される監督が新たに率いるクラブが気になるらしく、２０１６-２０１７シーズンは、元イタリア代表のコンテ監督が率いてプレミアリーグ優勝を成し遂げた、チェルシーの試合を熱心にチェックしていたようだ。

反町康治が考える「指導者」と「解説者」

――今回は指導者の仕事と解説者の仕事の関連性について話を聞かせてください。反町さんは現役引退後、解説者の仕事を経て、監督業をスタートさせました。その後短期間ですが、再び解説者として活躍され、もう一度監督業に戻るというキャリアを歩まれています。「優秀な指導者は優秀な解説者である」ということについて反町さんはどう考えていますか？

うーん、難しい質問だ。解説するということは、しゃべることに対して責任がすごく大きいからね。そのためには勉強もしないといけない。例えば、オランダ対フランスをしゃべる時に、オランダを1試合も観てないでしゃべれるわけじゃないし、フランスを1試合も観てないでしゃべるわけにはいかないから。しゃべることの責任をどこで補うかというと、それは勉強するしかないからね。でも結局それが自分の指導にとってもいい勉強になるんだ。

どういう監督が、どういうサッカーを目指していて、どういうビルドアップをするのか、どういうフィニッシュのさせ方をするのか、どういうセットプレーをやるのか。それは、自分が次の試合の対戦相手を分析するのと同じ視点だからね。解説をする場合には、あらかじめ自分で描いたものを少し〝私情〟も入れながら、「俺だったらこうしてみるよ」みたいなものを入れる。そうしないと、監督を経験している意味がないわけだから。指導者から解説者に戻った時は、そういうのを入れながら話をするようにしていたけどね。

――反町さんは、現役時代から海外サッカーを観て研究されていたそうですが、現役引退直後の1998年当時と、監督を経験してから再び解説をした時とでは、解説の視点に違いはありましたか？

180度違うと言ってもいいかもしれない。選手目線で感じていること、例えば、ある選手に関する知識というのは、テレビで観ていれば大体わかる。でも、指導者として全体を俯瞰して観られるかというと、それは違う。試合を解説する時に、現象についてしゃべることは簡単なんだよね。「ああ、いいシュートでしたね」と。でも、なぜいいシュートが生まれているかということを説明することが必要なわけです。そこが大きな違いだし、難しいところだよね。

例えば、現役を引退したばかりの時は「いやぁ、左足で振りの速い、シャープなシュートを打ちましたね」と。でも、指導者としてある程度経験を積んでくると、「なぜここでフリーになって、余裕をもって振りかぶるようなシュートが打てたのか。おそらくセンターバックを意図的に外に導き出して、そこからマイナスのボールが出たから、そういうシュートが打てたんですよね」と。これで全然違う。結果を見て「いいシュートでしたね」というのは誰にでも言えるから。なぜいいシュートを打てる状況に持っていけたのかということは、監督を経験したり、色々な試合を観ていくと、さらに言えるようになるよね。

――新潟で監督をする前にバルセロナでコーチ留学をされて、帰国後はスペインリーグの解説をされています。その時点で、引退直後と違う部分はありましたか？

バルセロナでコーチングを学んだといっても、トレーニングの手段とか、試合の流れの観かたを勉強しただけであって、実際に指導の立場に入っているわけではなかったんだ。週に1回、当時のクーマンコーチに色々と聞くことができて、彼もちゃんと話をしてくれたから、その時に色んなノウハウを学んだけれどね。現場で監督をやるようになってからだろうな、色々と考えながらやるようになったのは。

――バルセロナから日本に戻って、スカパー!でスペインリーグの解説をしていた時は、監督を経験していない分、逆に何でも言いやすい状況だったのではないですか?

スペインリーグの知識は、それこそありまくっていたからね。この選手がどこでどういうプレーをしてたか、ということを知っていたし、あとは行ったことのあるスタジアムの話とかね。例えば、ビジャレアルのスタジアムは非常にこじんまりしていて好きなんだけど、実際にそこに行った経験があるだけで話が膨らむじゃない。そういう知識をうまく使いながら、なるべく現地の話をしようとしていたと思う。スカパー!でしゃべってるのと、NHKでしゃべるのは、また少し違うしね。

分析と解説と。見せる部分としゃべる部分

――試合の中で見えていた部分を、解説のコメントとしてアウトプットする際に気をつけていたことはありますか？

色々と見えてはいるけれども、1つは「数字」かな。「Jリーグでシュート数が一番多い選手」といった数字をどう使うか。例えば、**山本昌邦**さんなどはよく数字を使って話をするよね。数字を使う時には、観ている人に「あ、なるほどな」と思ってもらえるようなことを言うことが大切。「そんなの当然だろ」と思われたら意味がないわけで、そのためにはしっかりと事前に勉強しておかないといけない。それもただ勉強するだけじゃなく、「俺だったらこうする」という〝私情〟を挟みながら、なおかつ解りやすいように説明する。それだけだよ。だから特別なことをやっているわけじゃない。自分の解説がどういうふうに評価されているかなんて全然考えたこともなかったし、言われていることを耳にもしなかったけどね。

――解説者としての反町さんは、監督を経験される前から、ちょっとした予測の部分や〝采配の先〟について話をされていたと思います。

そうかもしれないなあ。この試合はこういう展開になるよな、という予想はやっぱりあるよね。「この試合は、最後はオープンな試合になりますね」とか。

かつてスカパー！でスペインリーグの試合が放送されていたころ、筆者は反町氏の解説を好んで聞き、サッカー観戦の参考にしていた。「１８０度違う」と言うが、反町氏は現役引退後間もない頃から、それなりに**俯瞰解説**のコトバを使っていたように筆者は記憶している。特に選手交代の意図に関する指摘は鋭かった。そうしたセンスは、後の指導者としての情熱と成功を予見させるものだったかもしれない。そこに経験を加えて、一時的に復帰した反町氏の解説はさらに説得力を増していた。

現場を優先する指導者のポリシー

――あの当時の反町さんの解説者としての活躍ぶりを見ていると、テレビの世界でも生きて行けるだろうな、という印象を持っていました。でも、最終的には指導者としての情熱を優先したのでしょうか？

もともとテレビの業界から出て来ているわけじゃないし、そんなに長くやってもいないから。でも、現場をやりたくても声がかからないからテレビで話し続けるというケースもあるよね。いずれにしても、指導者の経験がある人は、サッカーがわかっていて、みなさんいい解説をしていると思うよ。**松木安太郎**さんはどちらかというと地上波の民放寄りだけどね（笑）。

――反町さんの場合は、解説している時から指導者への情熱があったのでしょうか？

現役の時に、今でいうB級の指導者ライセンスを取りに行って、これからどういう道を歩んで行こうかと考えていたんだけど、現役を辞めた時にすぐNHKに紹介してもらったんだ。それでNHKのJリーグの解説の仕事をいきなりやったわけだよね。ちょうど1998年だったからフランスワールドカップもあって、そういう意味ではかなりニーズもあったんだ。同じく解説者だった**長谷川健太**監督（清水→G大阪）は、しゃべり方教室に行っていたからね。俺はそんなことしなかったけれども。

そういうふうにテレビで解説をやるようになったんだけど、やっぱり日本対ジャマイカの試合を観て、これは「日本をどげんかせんといかん」ということを思った。それまでは、本当にどうしよう？という状態で、しゃべりの業界でやっていくことも考えていたよ。でも、やっぱり指導的な立場で、もっといい選手を輩出することが俺に合った仕事かなと、その日本対ジャマイカで気付いたわけです。それで日本に帰ってすぐに、海外へ勉強に行こうと思って。かみさんにも何の相談もせずに、一人で行っちゃったわけ。

——解説者として長く情報を発信し続けていくことは、もちろん重要な仕事ですし、「いい解説者」と「いい指導者」というのは、共通する部分が多いはずですよね。

一般の人にサッカーの魅力を伝えることが解説者の仕事だし、それは指導する立場でも一緒だと思う。選手を納得させたり、「なるほど」と思わせることとか。だから話術と言ったら変だけど、「しっかり伝える」という部分はリンクしてないといけないですよね。ただ、現場をやりたくても、実際にはすぐにクビになってしまうというのは、何かしら問題があるわけですよね。しゃべりもキャラも悪くない。試合の解説もしっかりできるという人もいる。両方できるという人は案外少ないのかもしれないけれど。

――長崎の高木琢也監督は、海外サッカーの知識が豊富で、スカパー！でも花形の解説者でしたよね。

高木琢也さんはそうだったね。彼は視野が広いから。

――それでも指導者としての道を歩み続けています。

それが普通じゃないかな。今、解説やっている人だって話があれば行くと思うよ、現場に。

解説者をやっている人でも、大学サッカーで指導したりとかしているじゃない。やっぱり現場に携わりたいというのはあるよね。**戸田和幸**さんはいい解説をしているけれど、それを現場でうまく生かしていけるかどうかは、実際にやってみないとわからない。

——戸田さんは理論的な解説で視聴者の評価も高いですが、すでにS級ライセンスを取得されていますし、将来は指導者の道に進む目標があるようですね。

基本的にみんなそうだろうと思うよ。でも今はサッカーのコンテンツもＤＡＺＮが出てきて、同じブンデスリーガの試合だってスカパー！で解説している人とＤＡＺＮで解説している人がいて、さらにＮＨＫのＢＳも入れると３つやっているわけだよ。それだけコンテンツがたくさんあってニーズがあるということは色んな人がしゃべる機会が増えてくるわけだし、「え、これ誰？」っていう人も出てくる。

指導の現場から生まれるコトバの深み

――現在は、監督をされながら、Ｊリーグのオフシーズンなどにゲストの立場で解説をすることもあると思います。采配や選手交代についての解説は、以前とは違うものになっていますよね。例えば、「俺だったらこうするのに」というところがより明確になった、といったことはありますか？

監督をやりながら解説をやらせてもらったことは、これまでにも何回かあったよ、スカパー！で。でも、交代のうんぬんとかは、そのチームにいないとわからないことがたくさんあるからね。例えば、「何でこいつを出さないんだ？」という疑問が湧いても、「実はあいつ熱があって」とかね。そういうことは、外から見ただけではわからないから。だから、そこまでは何とも言えないけどね。

――逆に、「外からすべてはわからない」ということがわかることで、違ってくることもありますよね。

それはあるだろうな。例えば、前半の30分くらいに選手を交代した場合に「試合前に『どこまで行けるか』という話を監督としているかもしれませんしね」という話から、「でも30分で交代させるくらいなら使わない方がよかったかもしれない。監督は、試合前から選択に迷っていたと思いますよ」という言い方ができる。でも、それは現場をやっていなければ「なんで代えたんですかねぇ？　ケガですかねぇ？」で終わっちゃうからね。だから、現場でやっていると、そういう深みのあるところの話がわかるかもしれない。

——反町さんが解説する場合には、例えばレフェリーとの駆け引きなど、現象として見えにくい部分も見えているのだと思います。熱心なサッカーファンであれば、サッカーのシステマチックなところは解説がなくてもわかりますが、選手や監督の息づかいといった部分は、肌感覚でわかりにくいところですよね。

レフェリーの特徴は、調べれば出てくるよね。「このレフェリーだったらだいたいファウルを取りますね」とかね。

――僕らが調べてわかる部分もありますが、レフェリーの判定に対して選手がリアクションをした時に、監督が取る態度などについても、反町さんならよくわかりますよね。ハーフタームに入る時に、監督がレフェリーや選手に対して何を言うか、とか。

それは現場でも言うよね。「このレフェリーは取らないから十分に気をつけろ」とか言うし。例えば、ボールを置いてキーパーがなかなか蹴らないという状況がある。それは遅延行為だけど、レフェリーがキーパーのところまで行って、これは何秒経って、これがこれで、とか話している。「あんたが遅延行為だろ！」、俺に言わせると。ピッて笛吹いて、早くやりなさいとカード出せばいいわけだよ。よくあるんだよ。あれは本当に困る（笑）。

――そのあたりは解説者に語ってもらえると、視聴者にとってもプラスですよね。

そうそう。でも本当にそう思うよ。僕も試合の解説をしていると、思わずパッと言っちゃうから。

――ただ、わりとその辺を語ってくれない解説者の方が多いとも感じています。指導者経験があるのに、視聴者が疑問に思うことを伝えてくれないことも多い、と。

それは変な話、言い過ぎちゃうのを好まない人たちもいるから。俺だったら言っちゃう部分もあるけどね。レフェリングなんかもそうだけど。

――観ている人が試合を楽しむために、何をどこまで言うかですね。

でも、解説者が評価されるポイントは、人によってはサッカー以外の部分もあるからね。リアクションがいいとか、自分の人生にたとえるのがうまいとか。そういうところに期待している人も多いからね、ある意味では。だから、なんで俺が呼ばれてしゃべっているかということだよ。そういう駆け引きの部分などを話さないと、俺がしゃべっている意味がないわけです。観ている人も「反町さんが突拍子もないことを言い始めるぞ」と思って観ているよ。だから、その期待に応えるように頑張るだけさ。「そこまで言うか！」くらいにね。

——選手が交代で下がる時に、実況の方から「今日の彼のプレーどうでしたか？」と聞かれることがあると思います。かなり漠然とした質問ですが、その時はどのように答えますか？

「悪くはなかったですけど、交代されているんだから監督にとっては何か気にくわなかったんでしょうね」と（笑）。それこそ、理由はたくさんあるだろうね。例えば、1枚カードをもらっているから人に付かせるのが怖くてとか、守備の選手を入れて構築したいとか。その選手がダメだったということもあるかもしれないけど、それより監督の頭は、新しい選手を入れてチームをどうこうしたいというところにあるからね。この選手は今出ている選手よりうまくないけど、相手を削れるから交替で入れようとか。そういうのはよくあるよ。

「何でバルサに勝ったのか？」に注目する

——反町さんがバルセロナの試合を解説すると、弱者側からの解説になりますよね？

俺はいつもそうだからね。弱者の味方だから。弱者が何でバルサに勝ったのか。そういう試合は全部ビデオにとって残しておくの。だから昔、（レアル・）マドリーとバルサの4連戦があった時も、全部ビデオに残してあるけれども、モウリーニョは1試合1試合やり方を変えているわけだよ。

でも、解説をしている人は、それを言わなかったわけ。あの時、「今日はチャンピオンズリーグの時と違って、中盤の3人がマンマークしてますね」。そういうことを言えないわけだよ。俺、夜中に観ていて、「うわっ！　モウリーニョってこんなことやるんだ」って驚いたよ。イニエスタとシャビとブスケッツにだけマンツーマンにして。びっくりしたね。それも中3日で構築して実戦でやるんだから。

――弱者の視点に立つということは、逆に言えば強者のことを知り尽くしていなければできないですよね。

強者は強者で自分たちのオリジナリティが強すぎて、「相変わらずですね」の一言で終わるじゃない（笑）。

――それでも、弱者視点であれば、バルサのメカニズムについて知っている必要がありますよね。

そりゃそうさ。バルセロナはやっとサッカーチームらしくなったよね。昔のチームのことを完全否定してやっている部分も正直あると思うけど、それでサッカーチームらしくなったと思うよ。グアルディオラがやった時は特殊だったと言うしかないな。

バルサを観て学ぶところはもちろんあるけど、最近のバルセロナはやっぱりグアルディオラの時とはぜんぜん違う。最後の崩しを個人の力に頼る所もあるしね。昔だったらスローダウンするところなのに、こういうチームだったらカウンターを狙うんだなと。

戦術に関して言えば、例えば、クリスティアーノ・ロナウドがいれば、「クリスティアーノ・ロナウドが戦術だ」という形になっちゃうじゃない。そういうチームを観ていても正直、面白みはない。ドイツは監督の色がやっぱり強いよね。例えば、トゥヘルがやれば、他のチームでもまたトゥヘルのサッカーになる。元ドルトムント監督のクロップがリバプールに行ったということには驚いていて、すごく縦に速いスピーディーなサッカーをしている。その戦術に見合うコウチーニョみたいに、スピードがあって技術が高くて、フィニッシュもできる選手もいるしね。そういうのを観ていると、理にかなっているなと思うよ。

――解説者は、基本的に90分のサッカーを解説するわけですが、指導者の場合は1週間・168時間という長い尺度で観ているという視点もありますよね。

監督がどういう準備をしてくるかだね。どういうトレーニングをしてきているかを全部見ていれば、解説の幅が広がるというか、深みのある話ができるだろうね。

――反町さんが解説する場合、そのチームが行ってきた準備やトレーニングについての情報が得られなかったとしても、普段指導をされている経験から「こういう準備をしてきたな」というのは見えますか？

見えるさ、そりゃ。例えば、今年のあるチームは4人でビルドアップして、長いボールを蹴らないようにしているだろ。それに対して相手が対策してきているかというのは、観ればすぐわかるから。1週間・168時間をかけて用意してくるわけ。トレーニングとか紅白戦をやりながらね。そして試合では、それを遂行する。そういうことをしていると、そのチームの監督がどんな準備をしてきたかは見えるよね。最初の話に戻るけど、「いやぁ、いいシュートでしたね」というのは誰でも言えるんだ。でも「何でいいシュートが打てたか？」というところだよ。それは前のプレーかもしれないし、前の前のプレーかもしれない。

――これからも松本で面白いサッカーを見せてほしいと思いますし、指導者として活躍してほしいと思う一方で、反町さんが解説をやった時には、これまでと違う濃密な解説になるという期待があるんですよね。反町さんのような立ち位置の方は、実際にはあまりいないので。ロジックがきっちりとした解説をされている解説者がいても、監督経験がなければ、さすがにまだ、そこから168時間は出てこないわけで。

そうだよな。だって、まだチームで指導してないんだから。そういう意味では、**川勝良一**さんなんかは何度もチームを指導していたし、そういう部分はいいことをおっしゃっていると思うよ。**城福浩**さんもそうだし。もちろん指導と言っても考え方の違いはあるけど、それぞれみんな価値観があっていいと思う。

うまくしゃべれる人は指導者としても成功する

――例えば**松木安太郎**さんや**都並敏史**さんのように、指導者経験があっても、解説者としてスペシャルな方が解説業を続けていく、ということもあるでしょう。ただ、先ほど反町さんが指摘したように、優秀な解説者の多くが指導者としてのポストがあればそちらを選ぶ以上、いいサッカー観を持っている人は、天秤にかければ、解説よりも指導の道に行きますよね。すると、解説が〝メインストリーム〟になりません。

それはまあ、人によるけどね。だって、現場で指導しない人でも、例えば**粕谷秀樹**さんなどもしゃべってるでしょう。あなた（**河治良幸**）も解説するじゃん。俺聞いたことあるよ、何度か（笑）。

――ありがとうございます（笑）。指導者と解説者の関係でいうと、いい指導者は指導の方に行きますよね。もちろん、本人の希望で解説者を続ける人もいるとは思いますが。

それは行くよ。しょうがないじゃん。だってうまくしゃべれる人は指導者としても成功するかもしれない。

――仮にギャランティが解説者の方が高い場合でも？

あるだろうな。例えばジュニアユースで指導するようなケースだったら、もしかしたら、しゃべった方がお金はいいかもしれない。

――指導者の働き口があれば、そちらを選ぶケースもありますよね。

それはサッカー界で指導者のキャリアを積んでいる人だったら、やっぱりそっちに視点が行くだろうな、普通は。だから、**リネカー**（元イングランド代表の名ストライカー。現在はサッカー番組の司会者・コメンテーター）みたいに、テレビの世界でずっとやってる人はあんまり多くないでしょ。日本だと現場の経験がある人で、ずっと解説者をやっているのは、例えば**水沼貴史**さん、**川勝良一**さんかな。**城福浩**さん（現在はＪＦＡの関東地域統括ユースダイレク

あるはずだが）。指導者としてその熱を一度でも感じてしまうと、人はなかなか現場から離れられなくなるという。指導者として成功した人材が、解説者ではなく指導者の道に引き寄せられていくのは、当然のことかもしれない。

いかに弱者が強者を倒すか。「それが一番楽しい」

――テレビで試合を観る視聴者が、解説者のコメントを聞きながらサッカーを楽しく観るためには、どういう点を押さえていけばいいでしょうか？

う〜ん、難しいなあ。まあ、俺が解説をするなら、まずはディフェンスだったら守備の仕方がマンツーマンなのか、トータルゾーンなのか、ミックスゾーンなのかをすぐに話して、だったら相手がどうするか。どう崩していくかっていう話をするよね。あと並びは1トップなのか、2トップなのか、3トップなのか。どういうスタイルなのか。そういうのを早めに説明するために、チームのコンセプトを早く感づいて、導き出す。ゲーム戦術だよね。ヨーロッパの最先端だったら、例えばレアル・マドリーに対してどう守るか。「ああ、やっぱりカウンターをケアするんだったら、攻めている時もクリスティアーノ・ロナウドのところに守る人を割いてますね」とか。そういうところは的確に言いたい。ゲーム戦術やチーム戦術をしっかりとしゃべれるかが、解説のイメージだね。

はしゃべりたいもん。「やっぱりチェルシーは、こういうところのスライド速いですね」とか、ユベントスもスライドは3バックでも速いから、「ボールが横に行ってもユーベの距離感がいいですよね」とか、「これは参考になりました」とか言うよ。

――シーズンオフで解説のオファーが来た時には、やっぱり話したいわけですね。

――反町さん目線で言えば、「弱者が強者をいかに倒すか」ですね。

そう、それが一番楽しいよ（笑）。

――選手交代については、もちろんチーム事情もありますが、「こういうところを観てほしい」というのはありますか？

選手交代については、いろんな理由があるということを知ってもらいたいね。ケガかもしれないし、足がつったかもしれないし、カードを1枚もらっているからかもしれない。それはいろいろあるよ。もちろん試合の中での理由がほとんどだけど。それは見える範囲ではちゃんと話をするよ。

――そこを想像する時に大事なことは何でしょう？

それは多岐にわたるけど、監督は、それによって大きく変えることができると思ってるから、ある選手を交代させるということもあるしね。やむなく。

――監督、ありがとうございました。

こんな難しい議題を持ってくるなよ（笑）。

★反町康治のコトバ

- 「いいシュートでしたね」は誰でも言える。大事なのは「なぜ、いいシュートが打てたのか？」
- チームは1週間・168時間をかけて試合の準備をしている
- 解説者の仕事は、監督が選手に「なるほど」と思わせることに通じる
- 監督が選手を代えるのは、新しい選手を入れて何かを大きく変えたいから

第2章

サッカー中継・解説徹底比較！

★NHK-BS vs 民放地上波★

BSで観るか？ それとも地上波で観るか？——

ワールドカップや五輪の予選・本大会の日本代表戦直前に、多くのサッカーファンの頭を悩ませるのが、この問題だ。

プロリーグ創設から四半世紀を迎え、日本人のサッカー観戦力は確かに向上した。

「解説者の好き・嫌い」で放送局が選ばれる“サッカー観戦新時代”に、解説者たちはどんなコトバを視聴者に伝えているのか。

ロシアワールドカップ・アジア最終予選終盤の大一番、イラク代表対日本代表を題材に徹底検証した。

日本代表のワールドカップ・アジア予選といえば、NHK-BSと民放の地上波の両方で中継されることが定番だ。試合前には、「どちらで観よう？」と迷うサッカーファンも多いだろう。

NHK-BSは基本的に日本代表を応援するスタンスだが、試合の流れについては公平性の高い実況と解説をモットーとしており、比較的落ちついた語り口を心がけているようだ。最近では**早野宏史**氏、**山本昌邦**氏、**福西崇史**氏などが、その基本線上で、解説者として個性を発揮している。

一方の民放地上波では、テレビ朝日が放映権を独占しており、解説者は**松木安太郎**氏と**中山雅史**氏を〝ダブル解説〟で継続的に起用。そこにピッチ解説を絡めるスタイルを採っている。ピッチ解説は、近年まで元日本代表の10番・**名波浩**氏が担っていたが、彼のジュビロ磐田監督就任を受け、最近では主に**中田浩二**氏がその後を継いでいる。

民放地上波は、BS以上に、普段あまりサッカーを観ない層を含む幅広い層をターゲットにするため、家族や友人同士の観戦なども想定されているはずだ。そのため「盛り上げる」と「伝える」の2つのニーズを満たす必要があり、おのずと中継はハイテンションで情報量の多いものになる。

では実際に、2つの放送局のサッカー解説にはどんな違いがあるのか。2017年6月13日にイランのテヘランで行われたロシアワールドカップ・アジア最終予選のイラク戦をサンプルに、11の時間帯での比較を行った。

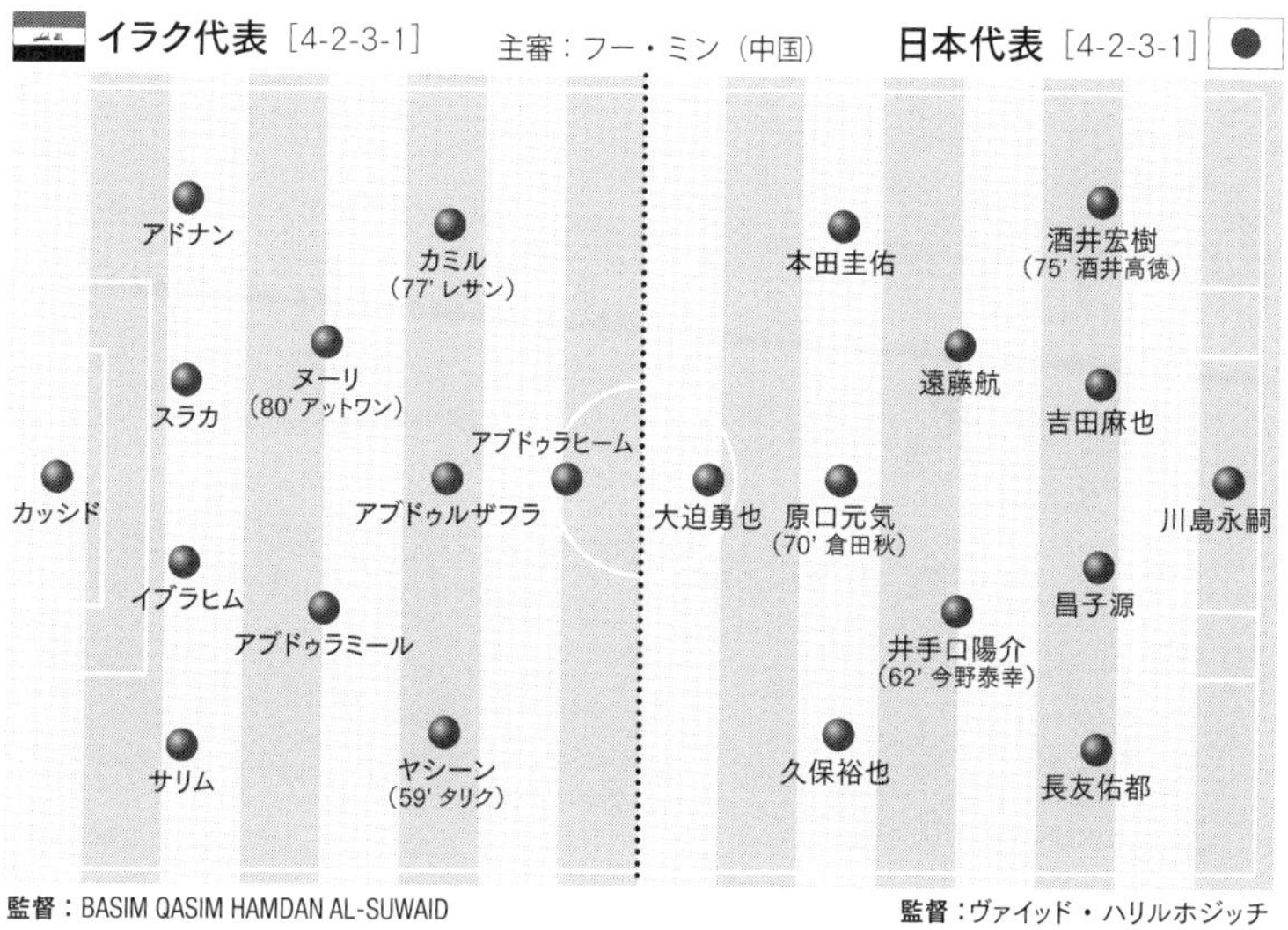

ロシアワールドカップ・アジア最終予選

2017年6月13日　16時55分キックオフ

テヘラン（イラン）　PASスタジアム

イラク［1－1］日本

72′ カミル［得点］8′ 大迫勇也

試合概要

気温37度、湿度20%の炎天下で行われた試合は、8分に本田のCKから大迫が頭で決め、日本が幸先良く先制する。そこからイラクのロングボールに耐えて後半を迎えたが、72分にゴール前の連携ミスを突かれて同点に。井手口、酒井宏の負傷で終盤に攻撃的なオプションを使えず勝利は逃したが、イラクに追加点を許すこともなく、厳しい環境下で勝ち点1を確保した。

地上波 テレビ朝日

解説：松木安太郎、中山雅史

ピッチ解説：中田浩二

実況：吉野真治アナウンサー

ピッチリポート：寺川俊平アナウンサー

BS NHK-BS

解説：早野宏史

実況：松野靖彦アナウンサー

❶試合前

最終予選イラクとのアウェー戦はイラクの政情不安により中立国イランのテヘランで開催。同時期にイランが同都市でホームの試合を開催していることもあり、会場はパス・スタジアムとなった。キックオフ時の気温は37度を超え、湿度は20％という過酷な環境での試合に日本は相手のイラクと同じ4−2−3−1のシステムで臨んだ。

BS

「後半の試合終了直前アディショナルタイム。山口のミドルシュートで劇的な勝利。あれがもし決まっていなかったら、まったく違った展開だった」と、松野アナがホームで行われた2016年10月の対戦を振り返る。早野氏は「この山口のゴールによって何か目覚めたというか、『ロシアに行くぞ』って気持ちになりましたし、**チームもそこから成熟はしていると思います**」と回答。そこから松野アナは、日本、サウジアラビア、オーストラリアの3チームが勝ち点16で並ぶグループBの混戦模様を説明。早野氏は**「本当にどこがリードとも言えない状況ですし、終盤に来たら一戦**

一戦の重み、これが非常にこのゲームを含めて、大切になってくる」と、この試合の重要性を強調した。

松野アナは「遠藤航と井手口という若い2人を起用してきました」と、ボランチ2人の起用にも言及。早野氏は「世界の大会を知っていますから。ここは信じましょう」と返しつつ、「ロングボールが多いので、昌子と吉田のコンビネーションはちょっと気にかけなきゃいけない」と戦術面の注目点を指摘した。さらに「まず慌てて勝ちにいかないことだと思いますし、このスカスカのグラウンドを見たときの、集中力が非常に大切」とまとめた。

地上波

「第三国のゲームということで、ちょっと雰囲気が違いますけどね。もう気にせず、勝って次に進むことが大事だと思います」と松木氏。「何としても勝ってワールドカップに王手をかけておきたいところ」と語る中山氏は、気候について「暑さもそうですけど乾燥ですよね。喉が渇くというか貼り付く感じで、息が非常に難しい。ツバを飲んでも潤わされない。水分補給のタイミング、量。そういうものが非常にポイントになってくる」と中東アウェイを何度も経験した元代表戦士ならではの注意点を挙げた。

実況の吉野アナが中盤での遠藤と井手口の先発起用について聞くと、松木氏は「もうオリンピックチームで一緒にやっていましたから。がんばってもらいましょう。そして（トップ下の）原口選手の運動量ということで。がんばりましょう」と答えた。

試合のポイントについては、「本田選手が誕生日というね。何か持っているなと思いますね。ですから彼の強い運を今日のゲームのすべてに、どんどん引っ張っていってもらいたい」と松木氏。吉野アナが中山氏に、ケガ人が出ている状況で中盤の構成を変えてきたという話を振ると、「あれやこれやと予想はしてきたんですけれど、こうやってくるんだっていう驚きがありました。イラクの戦い方を観て変えてきたのかもしれませんよね」と中山氏が考察を語った。

吉野アナが気温と湿度についてピッチ解説の中田氏に聞くと、「日射しは強いですね。間違いなく暑いです。ただここ何日かよりはちょっと風がある」と中田氏が状況を説明した。

イラクについては「前線の選手は破壊力のある選手が揃っていますよね」と吉野氏。フォワード出身の中山氏も「立ち上がりですよね。その破壊力のある選手がどんどん来るのでそこをしっかり抑えていきたいでしょう」と警戒。最後に松木氏が「日本にとって大事なゲームの最初の10分というのはこれは重要だと思いますので、怯むことなく前線からプレッシャーをかけていってほしいですね」と試合前の話題を締めくくった。

❷試合開始

風下ながら、立ち上がりから高い位置でプレッシャーをかけていく日本。対するイラクは前線に縦のボールを当てて、その落としやセカンドボールからチャンスに持ち込もうとする。日本も大迫のポストプレーを起点に縦の意識を強めることで、頻繁に攻守が入れ替わる展開となった。

BS「（イラクは）前線に早めに入れて、そこで収まればというサッカーをしますね」と早野氏。日本が4‐4‐2気味でブロックを敷く守備に関して「最初はボールを蹴って来ない〝じらし作戦〟もイラクはやりますから、それに乗らないことも必要だと思うんですよ」と解説した。

大迫が惜しいファーストシュートを放つと「非常に角度がないので難しいですけど、ストライカーとしたらまず一本打たないと落ちつかないでしょうね」と早野氏。さらに大迫のポストから原口がシュートに持ち込んでCKを獲得すると「シュートで終わって。ただその前、やっぱり大迫がきっちりこういうところでポイント作ってくれると、なんとか絡めますから」と解説。起点のパスを付けた遠藤についても「守備的に考えて後ろにいるんじゃなくて、積極的に距離を縮めていますから」と評価した。

地上波

イラクの左攻撃に対し、同サイドをカバーした吉田が前から戻る酒井宏と縦にタリクを挟んで止めると、松木氏は「センターバックが行くのかサイドバックが見るのか、その辺もね、今後このゲームでポイントになるでしょうね」と解説した。

吉野アナは、ピッチ解説の中田氏に遠藤と井手口の並びを確認する。「横並びになっていますね」と中田氏が答えると、続いて中山氏が「どこからボールを奪いにプレッシャーをかけていくかというところですよね」とポイントを挙げる。松木氏も「特にこの暑さですからね。タイミングを計らないといけない」と語った。

「ピッチレベルでは相当に風が強く吹いていますか？」と吉野アナが中田氏に振ると「試合が始まってから風が強くなっていますよね。これは気をつけなくちゃいけない」と中田氏が伝えた。さらに「中山さん、イラクの選手はシュート力がある」という吉野アナの呼びかけに対し、フォワード出身の中山氏は「日本の考えているシュートレンジとイラクの選手が考えているシュートレンジは多少誤差があるかもしれないので、そこを見極めてプレスをかけたい」と応じた。

❸日本先制ゴール

8分に原口の取ったCKから本田のキックに大迫がバックヘッド気味に合わせて日本が先制

ゴールを奪った。遠藤が後ろからタイミング良く走り込むことで相手のマークがはがれ、大迫がフリーになった。

BS 最終予選のすべての試合で先制しているという松野アナの言葉に対して「これで少し落ち着けるんじゃないでしょうかね」と語る早野氏。大迫のシュートについては、「見えてないですけど、頭のイメージで後ろにバックヘッド気味で行っていると思うんですよ。この辺は感覚ですね」と解説した。

いつもとは中盤の構成が変わり、普段出ていないメンバーもいる中での先制に「この1点によって落ち着きを取り戻せるんじゃないかなと思います。ただここでやっぱりメンタル的に守備的にならないほうがいいと思いますよ」と気を引き締めた。

地上波 「よし、コーナーだね」と松木氏。「いま粘りましたねー、ここ大迫が。最後は原口ですねえ。ただねえ、イラク2人残していますよ前線に」と解説している間に本田がCKを蹴り、大迫が決めると「いやあああ、おおおさこだ。いやナイスだねえ。いいボールだった」と〝松木節〟を披露する。

スローでリプレーが流れると、続けざまに3人の解説が展開される。「(遠藤が)走り込んできたよね」と松木氏。中山氏に振ると「強いですね。いいタイミングでした」。すると松木氏が「いいねえ、よーし。ここまではまずプラン通りだ」とコトバを挟む。

そして吉野アナが「中田さん、強かったですね」と質問。中田氏は「いや強かったですね。相手を抑えながらバックヘッド気味にね。うまかったですよね、シュートも」と語り、さらに遠藤の飛び出しについて「つられましたよね。動きにね。大迫もフリーになれましたよね」と松木氏と中山氏のやりとりをまとめるように解説した。

ただ、松木氏は「イラクは何点取られようが最後まで食い付いて来ると思う」と警戒も怠らない。中山氏も「どういう状況になろうと自分たちの姿勢を崩さず、とにかく前に行こう、ゴールを目指そうという姿勢は崩さないと思いますね」と語り、この試合がここから難しい局面を迎えることを示唆した。

❹イラクの猛攻に耐える

日本の先制後にイラクが攻勢を強めると、日本は低い位置での対応が増えてくる。

BS

「日本もこの暑さも考えて、あまりハイプレスで体力を消耗していくというよりはじっくり構えている。ただ入ってくる前から始動するような守備をしないと。先手を取られるとイラクの個人の力は強いものがありますからね」と早野氏。イラクの個の強さが際立ってくると怖さが増すことを指摘しながら、「ブロックを引いている中で動きが付いてくる守備をすれば、イラクの攻撃というのは防げる可能性が高い」と解説する。

（ヤシーンがセカンドボールを拾い、アドナンへ。アドナンがクロスを入れ、アブドゥルザフラが折り返し、シルター（カミル）がヘディング。枠を外れる。）「このボール！このボールの後」と早野氏が珍しく声のテンションを上げた。そして「これですよ。（日本の細かいコンビネーションのサッカーと比べると、）非常に大味ですけど迫力を持っていますよね」と語った。

地上波

イラクに日本サイドの右からクロスを上げられる直前に、松木氏が「ちょっと空いているなあ」と警告。そして実際に危険なクロスが上がると「やっぱり（イラクの）左サイドをねえ。ちょっとフリーにしましたよね」と解説する。吉野アナが、イラクが長友のところで競り合う狙いを持っている可能性を指摘すると、中田氏が「狙いを持っているかもしれないですよね」と語った。

イラクが右の仕掛けからヘディングシュートを打つと「理想としては、あそこでクロスを上げさせたくないわけですね」と吉野アナ。中山氏は「ボールが相手に渡ってから行くのでは遅いから、そこの連動であったりコースを切るというのを早く出していきたいですよね」と守備面で求められる動きに言及した。

「あとこの時間帯、選手たちがちょっときつい時間に入ってきてますから、集中力も含めて要注意ですよ」と松木氏。「1点取ったこともあり、コンパクトにはしているんですけど、ラインが下がってきましたよね。そこを明確にしたいですよね。下げるのか行くのか」と中田氏が補足した。

中山氏が「セカンドボールも拾えてるからいいんですけど、けっこう行くラインが低いんですよね。そこからこぼれ球が相手に渡ってしまうと怖い。もうちょっと前で規制をしてほしいなというのはあるんですよね」と続けると、松木氏は「ただ前線のプレッシャーがきかなくなってくるとDFラインも上げづらいですからね。この辺のバランスというのも、ちょっと今この時間ね。こういう時はね、ゆっくり。早くやりそうでゆっくりやる」と語った。

「それは松木さん、難しい技術ですねえ」と言う吉野アナに対して松木氏は「難しい、難しい。言っていても難しいから（笑）。ちゃんとやっていますよってことはアピールしながら」と応じた。

❺大迫が倒されるがファウルなし

27分、昌子のロングパスを大迫が走り込んで受け、そこからスラカを突破しかけたところで体をつかまれ、最終的にはペナルティエリアの中で倒れるもＰＫどころかファウルの笛も吹かれなかった。これにはハリルホジッチ監督も声を荒らげて不満を表現した。

BS

「今、完全に後ろから倒されたように見えましたけどね」と松野アナ。早野氏は「倒されましたね。でも、あれも大迫の強さですよね。簡単に倒れなかったということ」と解説した。

松野アナの「日本はＰＫを取ってもらってもおかしくないようなシーンでした」という意見に同意する早野氏だが、「でも強豪国だったらああいうところでも、しっかりＰＫで２‐０にしてしまう力が働くんですよね。ですからワンチャンスで２‐０にする日本が、強い国になるための１つの条件かもしれない」と、単に不利な判定ではないという課題を提言した。

地上波

「昌子から前線大迫、大迫。倒される。ＰＫはなーい」と吉野アナが叫ぶと、松木氏は「ＰＫ、ＰＫ。おーい。どうなってんだよ。ＰＫだよ。完全に引っ張って、誰が見たって引っ張ってるよ、これ」と反応。中山氏は「ＰＫでないとしても、（ペナルティエリアの）外からつかみが始まっていますから。そこからのＦＫでもおかしくないんですけどね」と補足した。

フォワード出身の中山氏は「昌子からのパスですから、そこをしっかり見極めて、この辺かなという動き出しはいいですよね」と解説。松木氏は「あのボールを出せば勝てるっていうね、１つパターンができたから」と語りつつ、「まあ、つってもさっきのはＰＫだな」と、やはり判定に不服のようだ。

❻給水タイム

30分過ぎ、暑さのためレフェリーの判断で約2分間の給水タイムが設けられた。日本はハリルホジッチ監督が選手たちと話しながら動きを確認する。

BS

松野アナがここまでの試合の流れを尋ねると、早野氏は「新しいメンバーも入っているからか慎重に入った感じ。ただいい時間帯にセットプレーから点を取れたことで今日のやり方というものを遂行している」と答えながら、イラクのロングボールやセカンドボールに対する脅威にあらためて言及する。

「たぶん向こうの19番シルター（カミル）が中盤に入っちゃうので、6番のアドナンをどんどん攻撃に上げたいというイラクの攻撃に対してのケアだと思いますし、この水を取った後のペースなんですよ。今まではうまい具合に日本のペースでやっていましたけど、このレストタイムが次のスタートにどう影響するか。ここはちょっと注意していかないといけない」と給水で試合の流れが変わる危険性に触れた。

地上波 吉野アナ「ここで給水タイムとなります。ＦＩＦＡのルールで32度を超えた時には（レフェリーの判断で）選手の健康のリスクを考えて水分を補給する時間を作ります。その場合、前半のアディショナルタイムに追加される形になっています。これは中田浩二さん、日本イラクともに貴重な時間になりますね」

これにピッチ解説の中田氏は「大迫と原口が話し合いながら水を飲みに行ったんですよね。お互いの位置とか確認しながらだと思うんですけど、コミュニケーションも大事になってきます」と応じた。

さらにハリルホジッチ監督が本田、酒井宏、吉田を集めて話し合いを行っているところに注目した。

松木氏「酒井宏も入ってきていますね。あとはディフェンスのことと、攻撃のことだと思いますね。日本の右サイドね、僕も先ほど言いましたけど。誰が行くのかでちょっと不安なところ、立ち上がりからありましたから」

中山氏「中が人数揃っている、あるいは満たしているんだったら外にもうちょっと酒井宏が行くべきなのか、それとも中に絞って、本田がクロッサーに行くべきなのかというところの確認もあると思いますけどね」

❼前半終了

0−1で日本リードのまま前半が終了。大迫の突破からあわやPK獲得か、というシーンもあったが、ロングボールを起点に波状攻撃を受ける時間帯もあった中で、プラン通りの前半と言える。

BS 1点リードで終えたことについて早野氏は「内容というのは、まあ自分たちが目指しているものじゃないにしても、我慢してやっていること。その集中力は評価していい」と解説。ゴールシーンを振り返りながら「本当に、ちょっと触るだけですけど。あのセンスはすごいんじゃないですか」

試合のプランと後半のポイントについては、「試合最初に言った集中をしっかり持ってこの10分を乗り越えていくというのが、まず入り方だと思うんですよね。隙を突くような攻撃で2点目が取れれば、完全に有利な状態になるので、その2点目をいつ取るかということを持ちながら後半入ってもらいたいなと思います」と語る早野氏。ホームのイラクもどこかの時間帯でもっと積極的に出てくるという松野アナの読みに対して早野氏は「人数をかけて放り込んでそのこぼれ球でもという、そんな感じのワイルドな攻撃で。そこをドタバタしないで凌ぎきれば、逆にカウンターで1点取れることもありますよね」と、それが逆に日本にとっての追加点のチャンスであることを指摘した。

地上波 前半終了後のCMが終わると、中継の前振りにも出演していたスタジオの**川平慈英**氏と**セルジオ越後**氏がハイライトの形で前半のおさらいをして終えた。後半キックオフ後に吉野アナが、「イラクは前半シンプルに最終ラインあるいは中盤の底のあたりから裏を狙ってロングボールを蹴ってきました。ただ今度は風向きが逆になる」と切り出すと、中山氏は「ボールが戻りますから、そこへの対応が非常に重要になってきますよね」と返答。松木氏は「イラクの縦のボール、ロングボールが処理しにくいんですよね」と解説した。

❽負傷の井手口から今野への交代

相手キーマンの1人である左サイドバック・アドナンの迫力ある攻め上がりや鋭いクロスに耐えながら、機を見た縦パスやドリブルで追加点のチャンスを狙う日本。タフなコンタクトプレーが続く中でボランチの遠藤と井手口も持ち前の強さを発揮していたが、56分に井手口が転倒で頭部を負傷。今野が用意されたが、しばらくプレーの流れが切れず、62分にようやくピッチに入った。

BS　2017年3月のUAE戦で足の指を負傷し、クラブでも復帰間もない今野の投入について**「コンディションにはちょっと心配はあります」**と早野氏。本田のボールキープになかなか周りが連動しない状況に**「ベンチは選手の動きを見て、やっぱり代えるタイミングを。1人、井手口が代わったので、次の1枚は難しくなりますけど」**と予期せぬ選手の負傷により、体力面、戦術的を考えたカードが切りにくくなったことを指摘した。

　さらに、ここからの日本の戦いについて早野氏は**「今まで日本がワールドカップで感じたのは、ワンチャンスで決められてそのまま沈んでいくという試合が、歴史的にあるわけですから。強豪国はいいゲームもやるし、しぶといゲームもやるし色々な顔を持ちますよ」**と語った。試合終盤、この予感が悪い方に的中してしまう。

地上波

寺川ピッチリポーターが「頭を押さえています」と報告すると、スローを確認した松木氏が「膝が入ったのか～」と漏らした。しかし、別の角度の映像で井手口がピッチに頭を打ち付けるシーンが流れると「ああ～ここだ～」と松木氏。吉野アナが「これ脳しんとうですから危ないですよね」と聞くと、中山氏が「これだけ時間かけて立ち上がることができないというのは、ずーっと揺れてる感じだったんでしょうね」と自身の経験から推測した。

寺川ピッチレポーターが「吉野さん、日本ベンチ今野が呼ばれました」と報告。吉野アナが「ここで頼れる男、今野が来ました」と実況すると、松木氏は「こういったところでベテランが控えてるっていうのはすごくチームの安定感が増しますよね」と語った。

❾倉田の投入

すでに井手口の負傷で交代カードを1枚切っている日本は、70分に疲労の色が濃い原口に代えて倉田を投入した。この時点では、もう1枚の交代カードが残っていたが…。

BS

「原口にかなり疲れが出ているんだと思います」と交代理由を推測する早野氏だが、「他の選手にも（疲労は）あるんでしょうけど、交代のカードはそんなにいっぱいないですから」と語り、倉田には「疲れてるみんなの分まで声と運動量はしっかりとキープしてカウンターでなんとかってところを見せてほしい」と期待を寄せた。その直後に久保が足をつり、松野アナが「カード2枚目を切ったばかりの日本です」と実況。「スクランブルのボールが取れないと疲労も出てくるんですよね」と早野氏。イラクにクリアボールを拾われると「苦しいけど最終ラインで、中盤押し上げていかないとね。ボール全然拾えなくなりますよ」と語った。

地上波

「日本のベンチに動きがあるようですね」と吉野アナが実況すると、寺川ピッチレポーターが「倉田という声が聞こえました」と報告。「乾も観たいけどねえ」と松木氏は残念そうだ。1点リードのこの時間帯での倉田投入について松木氏は「彼のスピードでしょうね」とシンプルに理由を指摘。吉野アナが「また相手をつかむのがうまい選手ですからね」と補足した。

代わりに退く選手について松木氏は「本田もけっこう動いていますしね。原口もそうだし。やっぱり前線の選手でしょうね」と予想。興味深いのはこのタイミングで中山氏が「ちょっと酒井宏が足を引きずっているんですよね」と指摘したことだ。これが試合終盤に大きな影響を与えるのだが。

寺川ピッチリポーターが「交代カードを見ると、原口」と報告する。松木氏は原口について

「ほんとチームに貢献してくれるね、運動量」と評価した。原口が下がる様子を見ながら「日本のメディアから、『厳しい暑さですけど？』と原口に対して質問があったのですが、『関係ありません』と一言、力強いコメントを語ってくれました」と吉野アナ。すると松木氏は「元気、元気って感じだよね。原口元気ね（笑）」と独特の表現でねぎらった。

投入された倉田について吉野アナが「中田さん、倉田はパスで周りを使ってゴールに迫るちょっと違うタイプですよね」と問いかけると、中田氏は「周りも使えますし、自分でもボールを運べますからね」と回答。そこで松木氏が「スピードもあるしね」と先ほどの自身のコトバを再度強調した。

⑩失点と酒井宏の負傷

72分、イラクの攻撃が続く状況で、酒井宏が足を痛めてプレーに影響が出ている中、中央突破に対してディフェンスが混乱した日本は、カバーに入った吉田と川島の連携ミスから、こぼれ球をカミルに押し込まれて同点に追い付かれた。終盤に差しかかる時間帯で追い付かれた日本。再び勝ち越すためには3枚目の攻撃的なカードが鍵を握ると思われたが、酒井宏のプレー続行が不可能になり、75分にようやく交代。同じサイドバックの酒井高を投入せざるをえなくなった。

BS

「人数はいるんですけど、守備が。ああ、ここの判断でしたね」とスローを見ながら嘆く早野氏。吉田の対応には「切らなきゃダメですよね」と厳しく指摘した。さらに「相手がこうやって、本当に力ずくでゴリゴリ来た時が危ないんですよ」と語った。

状況を説明しながら「最後に攻撃的なカードを切れずという形にはなってしまいます」と松野アナ。しかし、早野氏は「このゲームは、やっぱり勝つことをまだ諦めちゃダメだと思いますよ。常に勝ちに行こうと考えながら、プレーしないと。このままだと日本は立てた戦略の中で前向きなものが残らないですからね」と前向きに語る。その中でフレッシュな倉田に期待をかけるものの、足をつっている久保の状態も心配なようだ。

アディショナルタイム、ゴール前でフリーになった本田のシュートがクロスバーを越えると早野氏は、「シュートでいいんですが。疲れがボールを上げてしまいましたね」とため息を漏らした。

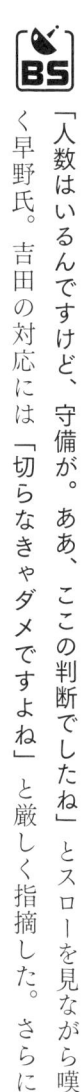

地上波

失点のスロー再生が流れている間、松木氏が「ここもズルズルと最終的にねえ、足痛めてる酒井のところが生きなかったね」と解説。中山氏も「今ので酒井宏がもう厳しいですからね」と語った。

吉田の対応について松木氏が「最後、吉田が行ってるんだけどね。出しといてくれれば良かったなあ」と悔やむと、中田氏が「判断ですね」と補足。松木氏は「ただ相手がねえ、滑って倒れているんで、もういないと思ってる判断なんですよね。ところが横から出てきたというねえ」と状況を説明した。

酒井高がベンチに呼ばれると中山氏は「ここから踏ん張り所ですよ」と強調する。吉野アナが「久保がどれだけできるかということですよね、中山さん」と呼びかけると、「ちょっと久保の痛み方が。ただ酒井（宏）よりはまだいい状況ですけど」と不安を表現した。「あとは久保のポジションをね、あのままにしておくのか。それとも真ん中に持ってくるのか。ディフェンス面で、あの状況ではなかなか活躍できないと思うので」と戦術面のポイントに触れた松木氏は、「これ給水タイムってレフェリーが決めるんでしょ。このタイミングで給水してくれればねえ」と語った。

⓫試合終了

何度かのチャンスも実らず、試合は1－1の引き分けで終了した。ただ、日本はアクシデント続きで明らかに疲労の色が濃く、相手のイラクにチャンスを作られた中で、勝ち点1を持ち帰れることにはポジティブな見方もできる。

BS 「本当に、死闘だったというふうに思いますね」と90分の印象を語った早野氏。「このゲームプランの中でね、守備的にやって勝ちきれなかったということが大きな問題点かなとは思いますし、攻撃性が次に出るのかなというところも不安ですよね。ただ幸いなのは負けなかったこと。ここに1つの希望を持って、次残り2戦に向かっていくということでしょうね」と、不安と希望の両面が浮かび上がったこのイラク戦を総括した。

さらに残り2試合について早野氏は「まずホーム（オーストラリア戦）で勝つということを前提に戦ってそこで決めてしまう。このゲームはこのゲームでしっかり受け止めながらも、次へ進もうということが一番大事」と展望を語った。

地上波 「松木さん、本当に厳しい戦いでしたね」という吉野アナの問いかけに対して、松木氏は「いやあほんとそうですね。ですからもう終わった試合を考えるのではなくて、残った試合をどう戦っていくか。もうそこだけに集中してね。ケガ人とか、いろんな問題をこのゲームで抱えましたから。きっちりとリフレッシュして、次のゲームですね」と応じた。

さらに吉野アナが「中山さん、理想を言えば勝ち点3が欲しいゲームだったんですが」と振ると、中山氏は「こういう厳しい環境で相手に押し込まれる状況もありましたけどね。それを何とか耐え抜いたっていうところも評価したいと思います。ケガ人が出ましたけれども、その中で戦ってくれた。あとはこの後ですよね。ホームで戦うオーストラリア戦にすべてを投じていくところに持っていけばいいわけですから」と語った。

松木氏は「ただ最終戦のサウジアラビアのアウェイを考えたら、次のゲーム。これをね、モノにするってことだけ考えてほしいな。しかも予選でね、オーストラリアに1回も勝ってないとか、そんなのどうでもいいよね。とにかく次のゲームだ」と続けると、中山氏は「単なるデータですからね。次勝てばいいんですよ」とポジティブにまとめた。

最後に吉野アナが「日本の選手が2人同時に足を痛めて、そのちょっとおかしい時間帯をイラクが逃さなかった。このあたりは松木さん、イラクもやっぱりさすがですねえ」と振ると松木氏は「最終予選の厳しさというか、ちょっとミス、ちょっと綻びが出るとそこを突かれるというね。このワールドカップの最終予選の怖さです」と締めくくった。

※解説者・実況者のコメントは、可読性の観点から表現や語尾の一部を調整した。

【総括】ワールドカップ予選中継・解説比較

NHK‐BSのサッカー中継の特徴は、テンションがやや控えめということに加え、実況と解説のボリュームが抑えめに設定されているという特徴がある。実際に90分間のコメントを書き起こしてみると、そのボリュームは民放地上波の半分にも満たない。つまり映像を中心にプレーを視聴者に見せる狙いが第一にあり、実況は基本情報と流れを、解説は必要なシーンの説明と1つの視点を提供するが、基本的には、視聴者が自分で観て考える余地を大事にするスタイルと言えそうだ。

一方のテレビ朝日は、松木氏のハイテンションな**応援解説**に注目が集まりがちだが、実はディテールも含めて非常に情報量が多いことがわかった。サッカー経験者でもある吉野アナが試合の流れを的確に実況しながら、3人の解説者に次々と質問を振り、率直な感想からディテールに踏み込んだ解説までを引き出している。さらに、ピッチリポーターとピッチ解説がいるため、ピッチ上の変化や様子を伝える場面も多く、臨場感が出るのは強みだろう。中山氏が酒井宏の負傷にいち早く触れたように、ピッチ上の変化に気付きやすいことも解説者の目が多いことのメリットだ。

全体的には、松木氏が放送のテンションを上げながら試合の大きな流れを解説し、中山氏がディテールを指摘する、中田氏はピッチサイドの変化を見ながら別の角度からの解説で深みを出すという役割分担があるようだ。加えて言えば、実況をしながら3人の解説者に話を振り続ける吉野アナの運動量と視野は、驚異的である。

NHK-BSはコア層が、民放地上波はライト層が観るというのが一般的な認識だ。しかし、民放地上波の情報にも解説者のディープなコトバや初耳といえる情報がある。一方のNHK-BSは、情報そのものは基本を押さえたものであり、詳しいファンが聞けばそれほど新鮮ではないものも多い。時おり飛び出すウィットの効いたダジャレで知られる早野氏の解説も、1つひとつのコトバは比較的シンプルでわかりやすい。解説者の個性にもよるが、ここはNHK-BSのサッカー中継のコモンセンス（共通意識）と言える部分だろう。

それは、基本的にNHK-BSには、視聴者の観戦を〝邪魔しない〟というスタンスがあるからだろう。すでに映像があり、現地の音声もそれなりに聞き取れる状況で、視聴者がマイペースでサッカーに集中しやすい環境を提供しているわけだ。言い換えれば、試合に引き込まれるかどうかは視聴者の集中力に委ねる部分が大きいということだ。つまり、NHK-BSは、自分なりの目線でサッカー中継を楽しみたい人に適切な観戦ツールと言える。

一方の民放地上波は、高めのテンションで、耳に絶え間なく情報が流れ込んでくる。サッカー用語にたとえるなら、コトバの〝インテンシティーが高い〟ため、否が応でも試合に入りやすい環境を提供してくれる。サッカーに詳しい視聴者でも、代表戦はハイテンションで観たい、友人と盛り上がりながら観たいという場合、あるいは解説者のコトバを自分の観かたとすり合わせたいという視聴者には、民放地上波での観戦が向いているかもしれない。ただレフェリーの判定に対するリアクションなどを聞いても、民放地上波のスタンスはより日本代表の〝応援〟に寄っている。ここは好き嫌いが分かれるところだろう。

このように、NHK-BSと民放地上波のサッカー解説には、それぞれに明白なスタイルがある。総合的に考えれば、代表戦のテレビ観戦に2つの選択肢が用意されていることは、視聴者にとってもベターな環境と言える。

第3章

解説者は「生中継」をどう戦うか？

★都並敏史の場合★

都並敏史（つなみ・さとし）

現役時代は左サイドバックとして活躍し、日本代表157キャップを誇る。現役引退後は指導の道に進み、仙台、C大阪、横浜FCで監督業を経験。現在は、クラブワールドカップや日本代表戦（日本テレビ）、リーガ・エスパニョーラ（WOWOW）、ACL（CS）、Jリーグ（DAZNほか）などで解説者を務めながら、ブリオベッカ浦安（JFL）のテクニカルディレクターとしても活動している。

【選手歴】 1980～1992年 読売クラブ／1992～1995年 V川崎（現・東京V）／1996年 福岡／1997～1998年 平塚（現・湘南）
【指導歴】 ～2004年 ヴェルディコーチ／2005年 仙台監督／2006年 東京Vコーチ／2007年 C大阪監督／2008年 横浜FC監督／2009～2014年 東京V普及育成アドバイザー／2014年～ ブリオベッカ浦安テクニカルディレクター
【ライセンス】 日本サッカー協会公認S級

サッカーの試合中継は、現地からの映像と実況があれば成立する。しかし、そこに解説者のコトバが加わることで、視聴者が得られる情報や視点は大きく変わることになる。言い換えれば、解説のスタイルや善し悪しによって、試合の見え方も変わってくるということだ。

リーガ・エスパニョーラの中継を実況する**柄沢晃弘**アナウンサー（WOWOW）への取材時（第4章参照）に、筆者は「サッカー中継の解説」について深い話を聞くには誰が適任かを尋ねた。そこで柄沢アナが真っ先に名前を挙げたのが**都並敏史**氏だった。

情熱的かつ分析的な都並氏の解説は、地上波の日本代表戦やクラブワールドカップ中継から、WOWOWのリーガ・エスパニョーラ中継、DAZNのJリーグ中継、日テレ系CSチャンネルのAFCチャンピオンズリーグ中継に至るまで、実に幅広くサッカーファンの耳に届けられている。**プレー解説**や**俯瞰解説**はもちろん、時には**応援解説**をバランス良くコトバにできる解説者の1人だ。

都並氏の現役時代について、ここで多くを語る必要はないだろう。かつての読売クラブ、Jリーグ開幕以降は読売ヴェルディ（現・東京V）で闘争心溢れるサイドバックとして鳴らし、日本代表157キャップを誇る。現役引退後はアルゼンチンでのコーチ留学を経て、仙台、C大阪、横浜FCの監督を経験した。

現在は解説者として活躍する傍ら、ブリオベッカ浦安（ＪＦＬ）のコーチングスタッフとして全国を駆け回っている。そんな多忙なサッカーライフを送る都並氏を取材したのは2017年5月15日の月曜日。当日の夜にＷＯＷＯＷで放送されるスペインサッカー情報番組『リーガダイジェスト！』の収録直後だった。30分枠の番組を2時間半ほどで収録する緊迫した現場でも、常に明るい表情を崩さず、的確な解説でサッカー通揃いの制作陣を唸らせた都並氏は、インタビュールームに現れると開口一番、「我々の仕事にスポットを当てていただいて、ありがとうございます」と言った。そして、「**ハリルホジッチ**の名前を最初に出したのは、河治さんですよね」と続けた。

2015年2月、日本サッカー協会は日本代表のハビエル・アギーレ前監督との契約を解除した。直後から大手メディアが様々な指導者の名前を挙げ、テレビの評論家たちは南米の名将や日本にゆかりのある監督の名前を出し、あるいはまるで実現性の薄いビッグクラブの監督の就任説をまことしやかに紹介していた時、あるウェブサイトの記事で筆者が〝推薦〟したのがヴァイッド・ハリルホジッチ氏だった。それから約1か月後に〝ハリル・ジャパン〟が誕生するわけだが、かつての日本代表の名サイドバックに自分の記事が読まれていただけでなく、それを記憶されていたことに、筆者は驚きを禁じえなかった。

「最初に聞いた時は『ハリルホジッチって誰だ?』と思いましたけど…(笑)、いい監督さんですよね。WOWOWに特番で出演していただいた時に、2時間で出演終了のはずだったのですが、「面白いから最後までいる」と言って残ってくれて。色々な質問に率直に答えてくれました。本当にサッカー好きな人だということがよくわかりましたし、僕はかなり応援しています」

現役時代に培った豊富な経験を持ちながら、ジャーナリストの記事を含めて、常に国内外のサッカー情報をチェックしているという都並氏に、リアルタイムのサッカー中継での解説スタンスを聞いた。

情熱の分析家。都並敏史の解説スタンス

――都並さんにはリアルタイムの試合解説の視点についてお聞きします。試合中に実況からプレーに対してコメントを求められた時に、都並さんが見えているポイントを、どのように視聴者に伝えようとしていますか?

まず視聴者がどういう人かで違いますね。サッカーに詳しい人か、そうではないか。時間帯や番組によってまったく変わってきます。サッカー選手であれば、試合に勝利してお客さんに喜んでいただいて、サポーターが増えて、入場者数が増えて、グッズが売れて、収入が増えて、それが選手に返ってくる。僕は解説者ですから、数字が上がらないと意味がないわけです。ですので、数字を意識しながら、深く解説するべき番組か、噛み砕くべき番組かを考えてやっています。

——視聴者の層に応じて解説の手法を使い分けているわけですね？

僕個人としては、日本サッカーを深く発展させて、サッカーに詳しいファンをたくさん増やしたいという思いがあるので、どんどん深く掘り下げていきたい気持ちがあります。ただ、いわゆる〝居酒屋トーク〟にならないように、一般の方に向けて、わかりやすく咀嚼して、噛み砕いてシンプルに、コンパクトな形で伝える、という考え方が解説者のベースだと思っています。

――即興でそのバランスを取ることは、なかなか難しいですよね。

そのためには、事前に情報をインプットしておくことが大事ですね。例えば僕は、自分の「サッカーノート」であらかじめシミュレーションをします。僕は、世界中の様々なサッカーを観て気付いたことをノートに記録しているのですが、まずはそこで試合の見所を探る。サッカーノートには、実況者が自分に聞いてくることなども書いていますが、試合の見所やポイントについても自分で探して書き込んでおきます。そして中継が始まったら、自分が考える今日のポイントはここ、キープレーヤーはこの選手、こういう展開になったらこう、といったことを、自分の経験をベースに話していきます。

あの熱のこもった解説のベースには、観察眼や豊富な経験だけでなく、視聴者への配慮と周到な準備があるようだ。幅広い活躍を見せる都並氏だが、その鋭く突っ込んだコメントは、地上波の中継やスポーツニュースでも聞くことができる。都並氏の解説が様々なレベルのサッカー番組で、多種多様な視聴者の耳にすんなりとはまり込んでくるのはなぜだろうか。

〝人生サイドバック〟という解説

――地上波で放送されるクラブワールドカップと、リーガ・エスパニョーラの比較的マニアックな試合では、解説の視点にどのような違いが生まれますか？

地上波の場合は、一般の方がテレビをつけてくださった時に、「盛り上がってるな、面白そうだな」と感じてもらうことが、そのままフックになって数字を引っ張ることになる。大事なのは熱ですね。グワーっと。それを考え出して、体現したのが**松木安太郎**さん。盛り上がっていると人が観る。それが大事なことなんですよ。日本テレビのクラブワールドカップ中継であれば、僕は1人の注目選手に絞って話していきます。複数の選手のことを話すと、ポイントがボケちゃうわけですよ。C・ロナウドがいればC・ロナウドを基本に膨らましていく。それは1つの戦略です。

でも、現役時代の僕はサイドバックでしたから、どの番組でも狙うところと引くところをサイドバックの目線で意識しながら、解説しています。それは選手時代と変わらないですね。人によってはエーストライカーのように、感覚的な解説をして評価を得る人もいるでしょうけど、僕はそういうタイプではない。〝人生サイドバック〟という解説を意識しています（笑）。

――例えば、C・ロナウドがボールを受けてドリブルからいいシュートを打った時に、クラブワールドカップのC・ロナウドとリーガ・エスパニョーラのC・ロナウドで、どのように伝え方を変えるのでしょうか？

スロー再生があるかどうかでまったく変わってきますね。スローがあるなら、細かい動作について言及した方がわかりやすいですが、スローがないと逆にわかりにくくなるので、あまり深くは言いません。例えば、「今のシュートのステップは少し歩幅が大きくなって、踏み込みがあって体を寝かしていて…」では時間がかかりすぎです。日テレの場合は解説者が複数いることもあるので、時間がない場合が多いのですね。フォワード出身者とディフェンス出身者といった棲み分けもありますし。例えば、リーガの場合は、戦術面、メンタル面はもちろん、技術面もチャンスがあればとことん深くやっていきます。

――都並さんの解説は情報量が多く、密度も濃い。それでいて、話の最中に重要なシーンが起こっても、それを逃さない。しゃべりながら試合を観る技術は、どのようにして身につけたのでしょうか。

「なんじゃこりゃ!?」を間近で見続けてきた恩恵

僕は基本的にサッカーが好きなんです。その他の趣味はクルマとB級グルメしかない（笑）。先日も、コーチングスタッフに入っているブリオベッカ浦安の試合が行われる八戸まで自動車で行ったのですが、途中に立ち寄った盛岡の焼肉屋さんで4時間ぐらいビデオを観ながらサッカーのことを考えていました。そういう時にインプットした情報をいいタイミングで出していくのが、自分の得意なところかもしれません。

――それはすごいですね（笑）。

だってライバルに負けたくないから（笑）。特に技術解説のところは誰よりも深く観ていると自負しています。僕は読売クラブの出身で、**ラモス瑠偉**さんや**与那城ジョージ**さんのように、「本当にサッカーがうまい人たち」と長くプレーするという幸運に恵まれた人間です。「なんじゃこりゃ⁉」というのを間近で見続けてきましたので、そこにすごくこだわりがあるんですよ。自分は決して「うまい選手」ではありませんでしたが、〝そこ〟が見えることにはこだわっていきたいです。

それから監督業を経験したことで、サッカーの違いが見えるようにもなりました。監督としてはヘボだったんですけど（笑）。監督をやったり、色んなところに足を運んで気付いたことをふんだんに、いいタイミングで伝えていきたいですね。「これが日本サッカーに足りないところだ」と感じる部分もありますので、そこはなるべく伝えたいし、熱も入ります。

――当時の経験が今に生きているわけですね。

ただ、ジレンマがないわけではありません。例えば、いわゆる「マリーシア」や「プロフェッショナル・ファウル」などですよね。そういう時には必ず「これは当たり前のことなんですよ」と紹介はします。「奨励はしないけど、知っておかないと世界で勝てないですよ」と注釈を付ける感覚ですね。正直に言えば、世界で勝つためにはやんなきゃダメなんですよ。それが難しいところです。

――現役時代の都並さんはタレント力のある味方を生かすことや、すごい相手にどう対抗するのか、といったことを考えて、観察しながらプレーされていましたよね。その現役時代のスタイルは、現在の解説手法に生かされていますか？

そうですね、自分はもともとそれほど運動能力が高くないんですよ。学生時代も、体育の成績は「5」ではなかった。それでもサッカー選手としてそこそこのレベルまで行けたのは、やはり頭を使っていたからだと思いますね。「自分の弱さ」を受け入れたうえで、「相手の強さ」をどう消すか。それをいつも考えてきました。それはグループのコンビネーションや個人の駆け引きで変えることができる部分です。そういう点では、現役時代に作った引き出しが、解説でも生きていると思います。

――なるほど。それはよく理解できます。

同じ言葉ばかりを重ねないこと。これも意識しています。例えば〝デュエル〟が良くて気合いが入ってきたなという現象についても、別の言葉で表現するための準備をしておきます。たいていは3つくらいですね。そうしないと、視聴者が「また同じこと言ってるよ」となってしまうので。それは目線の付け所をちょっと変えるだけでも、変わると思いますね。

――今も現場で指導されているのは、解説業のためでもあるんですか？

僕はブリオベッカ浦安で指導の現場にも携わっていますが、やはり、現場の温度を生で感じることは大切です。これからは現役を退いた経験者がどんどん解説の道に入って来ますから、仕事の中にインプットがないと、これ、なかなか厳しいんですよ。

僕は2000年に解説の仕事を始めて、2005年に監督になりました。5年間解説の仕事をしていた時期には、アウトプットばかりで、「自分を変えなければ」という思いを抱えていました。そこで、アルゼンチンに行って指導の勉強をして、意識が変わり、監督になったわけです。ベンチでコーチをやったり、育成年代の選手と関わっているだけでも、まるで違うんですよ。入って来るものの量が。それを解説の仕事ともリンクさせて、インプットが膨らんでいくと、試合を観る時の目の付け所も変わってくるんですね。

解説をしながら見つけていく作業

――試合のスタートから情報をつかんで整理することも解説には重要ですよね？

試合が始まってから見るのは、試合の並びやシステム、誰がどのポジションにいるといった点です。たとえ同じシステムでも、人の並びの違いによって狙いがまったく変わってきます。その狙いを、解説をしながら見つけていきます。順序としては片方ずつ。両方のチームを同時に見るのは無理で、例えば、〝クラシコ〟であれば、最初はレアル目線、次はバルサ目線とやっています。バルサは大体いつも同じ。それがよくわかるのが、2010-2011のクラシコ4連戦です。当時レアルの監督だったモウリーニョが、どんなバルサ潰しをするのか、どんな守備戦術を採るのかを、僕は楽しみにしながら観ていました（89ページで詳説）。

――実際の試合の流れの中では、例えば選手交代の狙いを見抜いて、ズバっと効果を予測するのが都並さんの持ち味です。実は、そこは解説者によっては曖昧になることも多いポイントですが、選手交代に関して、都並さんはどこに目線を置いているのでしょうか？

これは自分の選手経験、監督経験から来ているところでもありますね。みなさん攻撃のことを言うじゃないですか？　でも、断言してもいいけど、「サッカーは守備」なんですよ。守備がなければボールを取れないし、守備がなければ必ず相手に浸食されてしまう。プロの世界では、相手にいいプレーをさせないことからシステムを考えます。

――「いい守備がいい攻撃に」とよく言われますよね。

そう。「ファーストディフェンダー」と言われる第一守備者の位置がズレている時は、第二、第三の守備者の位置まで浸食されていきます。その状態が生まれている時はとにかく危険です。ですから初心者の方や、戦術的な観かたをしたい方は、まず守備から観ること。これが１つの大きなポイントです。

前からボールを取ろうとしている選手。すなわちフォワードがスピードを上げてボールを取ろうとしている時は、第二の守備者も同じようなスピードで連動していなければなりません。でも、そこが「あれっズレてる、ズレてる」という時は、いい守備ができていない証拠なんですよ。みんなが引いて相手に攻めさせますよという守備の場合はフォワードも自陣に下がっていますが、その場合は第一守備者がスピードを上げていないはずです。第一守備者がガーッと行っているのに後ろが連動して行ってなければやられる。監督が交代カードを切ったとしても、交代で入った選手の守備の意図がズレていれば、チーム全体の守備面の負担は増加しますから、いい攻撃にはつながりません。

――確かにそうかもしれません。

ボールを取った後は、そのチームの攻撃パターンを出せているかを見ます。リーガであれば、その点がうまく整理されているのが、乾貴士選手のエイバルです。守備のスピードを上げます、奪いました。そこから狙っていた速攻に入ります、という形ですね。守備の局面でボールを取れなければ、速攻も生まれません。守備がはまっているかどうかというポイントは、守備の連動ができているかどうかで判断していますね。

〝危ない時間帯〟を見分ける判断基準

――都並さんが守備の部分を観ていて、「そろそろ失点しそうだな」とか、「危ないな」と感じるのは、どのような状況でしょうか？

メンバー交代をしたのに守備のリズムを奪い返せない。体力を使って一所懸命スピードを上げて守備をしているのに、ボールを取れずに次の場所に移動させてしまう。悪い時にはシュートまで行かれてしまう。こういう状況は、守備側は非常に消耗するんです。

あと1つ。フィールドの一番後ろにいるセンターバックにも注目してください。センターバックが右往左往している状況では、失点が生まれやすいですが、逆にどしっと構えているなら、いくらボールを回されても、それほど大事には至らない場合が多い。〝カテナチオ〟（守備を重視したイタリアの伝統的な戦術）はそういうサッカーですが、そこも1つの目の付け所になります。センターバックがやたらと動き回って、守備の距離感を広げてしまうのは良くありません。一般の視聴者にはなかなか見えにくいかもしれませんが、距離感というのは実は重要です。

――なるほど。では、その「距離感」について具体的に教えてください。

守備の時はゴール前にブロックを作るわけですよね。4‐4‐2であれば4人のDFラインと4人の中盤。この距離感が広がっていると相手がそこに進入してきて、好きにプレーさせてしまいます。ですから、縦横に伸び縮みはするけど、なるべく均等であることが望ましいです。そこで、イタリアでは選手同士をヒモにつないで守備の練習をしたりするわけです。これはハリルさんもやっていますね。つまり、距離感が均等でない時は「守備側にとって危ない場面だぞ」とわかります。それも1つの顕著な例ですね。

例えば、2016‐2017シーズンのチャンピオンズリーグ・ベスト16、パリサンジェルマン対バルセロナのセカンドレグがいい例です。パリはファーストレグを4‐0で勝利しましたが、このセカンドレグの最初の5分はディフェンスが引きすぎていました。ペナルティーエリア内に最終ラインがある状況ですから、クロスが飛んで来るとキーパーが行くべきかセンターバックが行くべきか、対応が曖昧になります。この状況だと、アクシデントや混乱状態が必ず起こるので、かなり危ない兆候です。そういう状況がありながらボールホルダーに対して誰が行くのかが決まってない。この状態では失点がほぼ100%起こります。だから、「やられる、やられる」って言ったらやられた。もう見えてしまっているわけですね。

――そういうことなんですね。横の広がりに関してはどうですか？

ペナルティーエリアの前で何本上げられてもセンターバックが撥ね返せる。それはセンターバック間の距離が中央で詰まっている状態です。サイドバックとセンターバックも詰まっている状態ですね。4バックには2種類の戦い方があって、「サイドの選手が出ていったらセンターバックも1人スライドしなさい」というザッケローニ監督のタイプと、「センターバックは真ん中に残りなさい」というハリルのタイプがあるわけです。クロスを上げられても、高いセンターバックが中央にいれば撥ね返しやすい。なので「サイドバックがライン際に開いた場合にセンターバックが合わせてスライドするのではなく、間のスペースをボランチがカバーしましょう」というハリルホジッチの守り方が、クロスに対しては明らかに強いんですよね。真ん中が準備されているのかいないのか。それが守備の目線です。

――なるほど。よくわかります。

逆に、攻撃者はそれを狙えているのかいないのか。ペナルティーエリアの前にだだっ広いスペースがあるのに、そこを狙わずパスをつないでいるチームは「何やってるんだ！」という話です。ただ、解説者が指摘するのは簡単ですが、監督がそれを選手にやらせるのは大変なんです。その瞬間にピッチの上で判断できる選手がいないチームには、残念ながらできません。

解説者は俯瞰で観ているのでわかりやすいのですが、ピッチレベルの平面で観ると、どこにスペースがあるかというのは、なかなかわかりにくいですよね。しかも、ボールが来て、ディフェンスのマークから離れながら、選手たちがそれを判断するということは、そんな並大抵のことではありません。ですから多くの監督は難しいことを言わずに、簡単な攻撃のパターンを作っていく。それである程度は安定しますから。おそらくリーガのような欧州トップレベルでも、そういう簡単な組織のパターンに選手のアイディアを組み合わせて、シンプルなサッカーを構築しているチームもあると思います。

選手が言う攻撃の「距離感」とは？

――選手を取材していてよく聞くのが、この「距離感」という言葉なのですが、ではどんな距離感なのか、という説明はあまりありません。「距離感」という言葉をそのまま記事にしてしまうと、読者がイメージしにくいのではないかと思っています。でも実際は、その言葉がそのまま載ってしまっている記事をしばしば目にします。

攻撃の距離感については、例えばコンパクトに横にも縦にも詰まったアトレティコのようないい距離感の相手を、広げていく作業があるわけです。例えば3トップが、バルセロナのネイマール、スアレス、メッシのように広がれば、守備側も広がって対応しなければなりません。ただ、広がるだけでは、真ん中が薄くなるので、ゴールに向かったパスが通用しなくなります。

――それでパスカットされやすくなるわけですね。

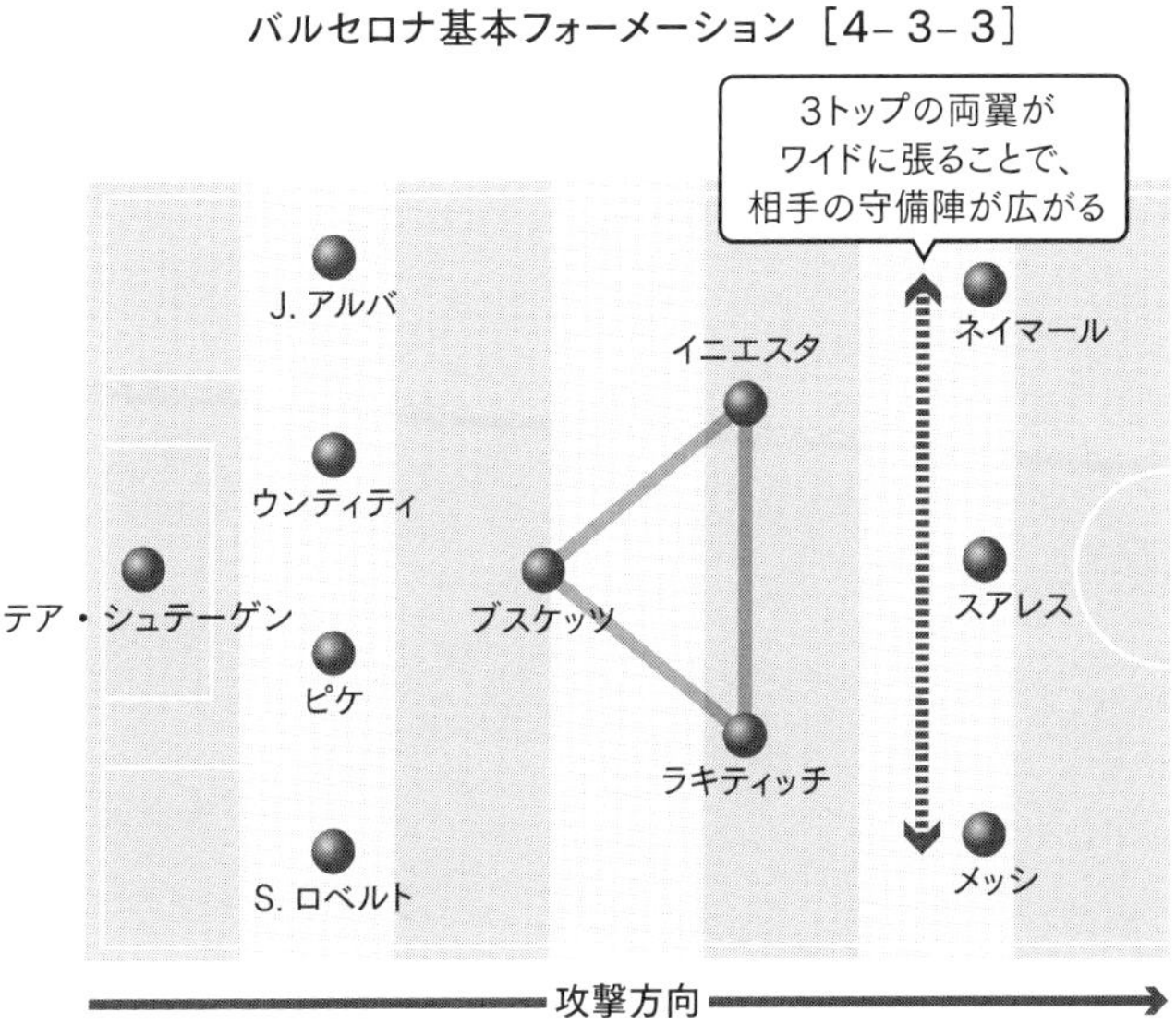

バルセロナ基本フォーメーション［4－3－3］
3トップの両翼がワイドに張ることで、相手の守備陣が広がる
ウンティティ
テア・シュテーゲン

S. ロベルト

例えばバルサはボールを回したいチームですから、広がる人たちと中の逆三角形で構成される。なぜ逆三角形かというと、その前の2人が外に近いからですね。最終ラインに近いブスケッツ、サイドに近いイニエスタやラキティッチという。だから4－3－3というシステムでパスを回すためには、その「距離感」が大事になってくるわけです。

この距離感を維持するのが難しい。同じ4－3－3でもブスケッツが最終ラインに近づきすぎて、インサイドハーフのポジションもズレてしまっていたらボールが回りません。また仮に左サイドでパスが回っていたとしても、左サイドで回すということは、そこにディフェンスを集めているということです。左サイドにディフェンスを集めたら、どこか別の場所にスペースが空いてきますので、そこをポンポーンと使っていくことが効果的な攻撃につながります。

――なるほど、そうなると…

狙いによってあるところに人数をかけ、また別のところに人数をかけ、というのが最適なバランスなんですよ。これを作っていくのがチームの戦術なのですが、それが非常に難しい。2016-2017シーズンの開幕時のセビージャはこれがうまかったのですが、シーズンが進むにつれて、やがてバレてくるわけです。「こいつらここに人かけてくるな」「そこを押さえてくるよな」と。これがまた監督の難しさです。戦術がバレたら最後は個人。だから〝メッシ〟が必要になりますよ、というわけです。

試合解説の中で、それぞれのチームの基本的な戦い方から、プレーのディテール、そして駆け引きに至るまで、くまなく目を光らせる都並氏。その中で試合の流れを観ながら、視聴者の

2010–2011シーズンのクラシコ結果

コンペティション	開催日時	ホーム	スコア	アウェイ
リーガ（第13節）	2010年11月29日	バルセロナ	5－0	Rマドリー
リーガ（第32節）	2011年4月16日	Rマドリー	1－1	バルセロナ
国王杯（決勝）	2011年4月20日	Rマドリー	1－0（延長戦）	バルセロナ
CL（準決勝1stレグ）	2011年4月27日	Rマドリー	0－2	バルセロナ
CL（準決勝2ndレグ）	2011年5月3日	バルセロナ	1－1	Rマドリー

必要に応じたポイントを選び出し、適切なコトバに落とし込んでいく。この2つを同時的に高いレベルで実現するのは簡単なことではないはずだ。そのような困難な作業を続けるためのモチベーションとなっているのは、多くの人にサッカーを伝えたいという飽くなき情熱である。

都並敏史の視点で見る〝クラシコ〟

ここまでの話を踏まえて、都並氏にセレクトしてもらった1つのゲームを観てみたい。その試合とは、2010-2011シーズンの〝クラシコ4連戦〟の中でも興味深い対戦となった、スペイン国王杯の決勝戦だ。

2010年11月に行われたクラシコ（リーガ第13節）はバルセロナが5-0と勝利。年が変わり2011年の4月16日から5月3日にかけて行われたのが、いわゆる

〝クラシコ4連戦〟。当時のレアル・マドリーを率いていたモウリーニョ監督が、グアルディオラ監督率いるバルセロナに対して、様々な戦術を駆使して勝負を挑んだ連戦だった。その中で唯一、レアル・マドリーが勝利を手にしたのが国王杯の決勝戦である。

その試合を都並氏は「衝撃的なゲームだった」と振り返る。

究極の〝矛盾対決〟を象徴した国王杯ファイナル

――この2010-2011シーズンには、国王杯と欧州チャンピオンズリーグ（CL）を含めて5度のクラシコが開催されました。特に3週間足らずで実現した〝クラシコ4連戦〟が世界の注目を集めました。両チームの監督もグアルディオラとモウリーニョでしたし、お互いを知り尽くした両者であったと思うのですが、都並さんはこの時のクラシコをどう捉えていましたか？

構図としては、「盾（たて）」のモウリーニョ（レアル・マドリー）と、「矛（ほこ）」のグアルディオラというものでした。リーガ第13節で世紀の大敗を喫し、ホームでのリーガ第32節で

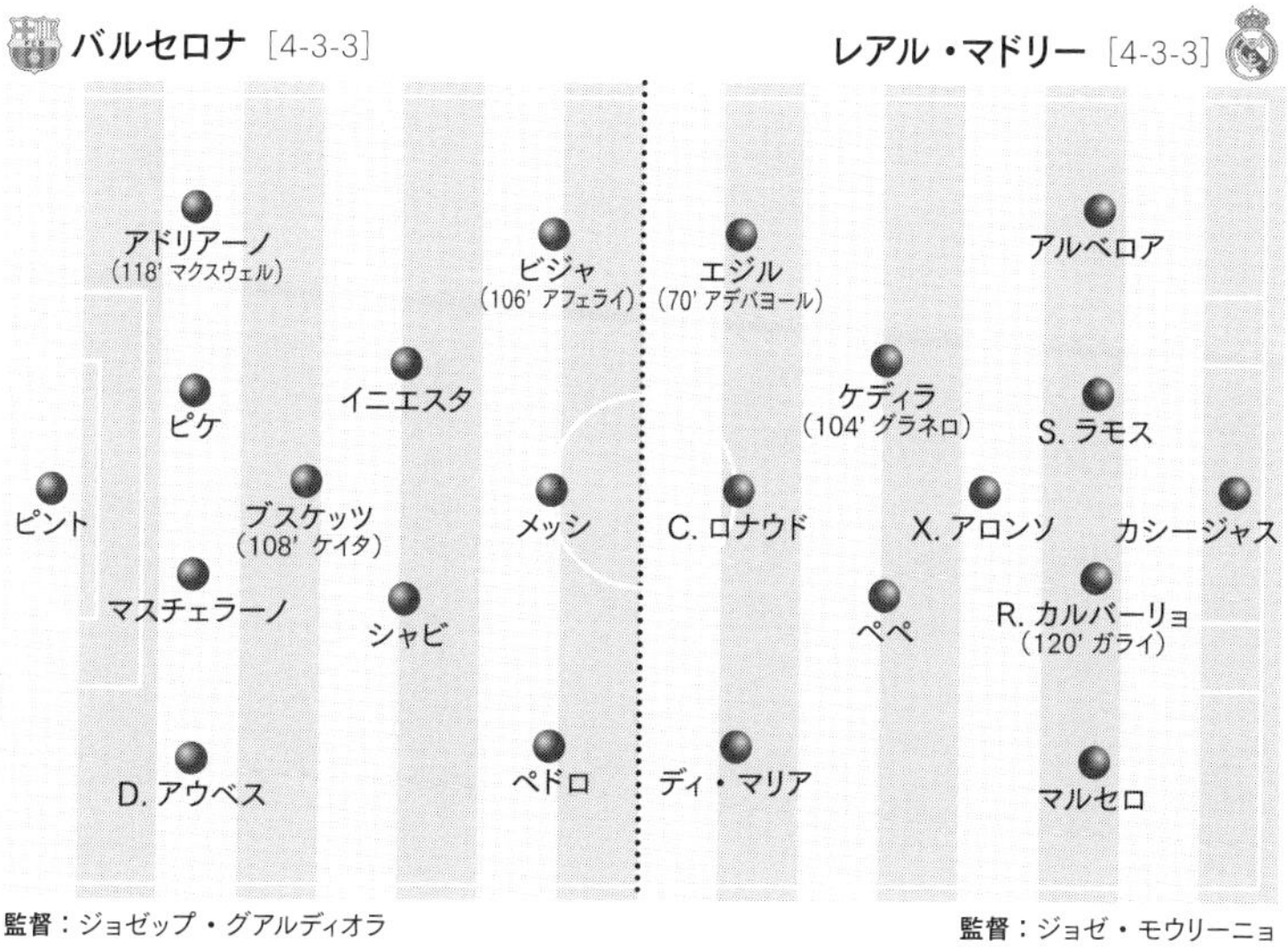

2010-2011スペイン国王杯 決勝

バルセロナ [0 – 1] レアル・マドリー

[得点] 102′ C. ロナウド

試合概要

モウリーニョ監督率いるレアル・マドリーは、センターバックが本職のペペを4-3-3のインサイドハーフに配置し、中盤の強度を高めてバルセロナのパスワークを封じる。そこからボールを奪い、鋭いカウンターを見せるが、バルセロナの守備も崩れず、試合は延長戦へ。全体がやや間延びし始めた状況でマルセロが左サイドを突き破り、正確なクロスをゴール前に送ると、走り込んだC.ロナウドが豪快にヘッドで合わせて決勝点。伝統の国王杯を手にした。

も勝てなかったモウリーニョが、「次はどんな手で来るのかな」というふうに注目して観ていたのがこの国王杯決勝。ふたを開けてみれば、ペペを中盤で起用するという衝撃的なゲームでした。僕はこの試合の解説を担当しませんでしたが、そう思って観ていました。

バルセロナは、どの相手にも自分たちのサッカーを高い精度でやり抜く姿勢ですから、守る側は打ち手さえ持っていれば、ある程度はやれる。こちらとしては、次のモウリーニョは何かやるぞと手ぐすね引いて待っていたら、「やっぱりやった！」という感じでした。

――お互いの好守の切り替えがすごく早かった試合でしたね。バルセロナがボールを持ってもすぐにレアル・マドリー側にボールが渡るという。

そうですね。バルセロナの基本的なサッカーは、4-3-3というシステムで、「ロンド」と呼ばれるボール回しを、大きなピッチの中でしているというものです。大きな外回りの選手と中の選手たちがバックパスも駆使しながらボールをつないで、相手コートの4分の1まで進みます。そこで自分たちの守備の陣形を整えてから、初めて攻撃のパターンが始まります。それに対してどのチームも苦労しているんですね。

――確かにそうですね。

普通はボールを持って前を向いたら前に進んでくるはずですよね。でも、バルセロナは前を向かずに後ろに下げてまた出てきます。守備者にとっては「なんだこれ？」という感じで、ボールを取りにくいんです。このように、通常の概念とは違ったコンセプトでゲームを進めてくるバルセロナへの対応を、初めて〝きちんと〟できたのがモウリーニョだったのだと思います。簡単に言えば、この時のバルサは「偽りのセンターフォワード」とでも言うべきシステムで、中盤に人をどんどん増やしてポゼッションを優位にしていくのが得意でした。そこにモウリーニョは、〝強いやつ〟ケディラ、シャビ・アロンソ、ペペを置いて、中盤を制圧しにかかり、なおかつセンターバックまで出して行きます。センターバックが前に出た時はサイドが下がる、というシステムを作って、それが功を奏したのが前半でした。

モウリーニョの中盤を〝潰す〟守備戦術

――シャビ・アロンソがアンカーにいて、ペペがインサイドハーフというのは、シャビを潰し

ていたのでしょうか。

シャビとイニエスタがブスケッツのところに下りていったりするので、その対応を意識したのではないでしょうか。サイドはサイドでマンツーマン気味にエジルとディ・マリアに付けさせた。一番マークに迷う場所に人数を増やし、対応をはっきりさせた、という狙いがあると思います。怖いのはメッシの進入ですから、それに対して中盤の3人でギュッと詰めてしまって、センターバックのカルバーリョまで出ていけるという形を作ったということですね。

――その展開がほぼ90分続きましたね。バルサが交代選手を使わずに90分戦い続けたことも関係していると思いますが。流れの中では、大きな変化はなかったでしょうか？

バルサは左のアドリアーノがちょっと良くなかったんですよ。そこで後半はペドロが左に回って、アドリアーノがもっと高い位置に張ることで、バルサは幅と広がりをしっかり作って中盤を制圧します。ただ、その広がりが中途半端だった。そういう時のバルサはだいたい良くないんです。ただ、C・ロナウドがアドリアーノのサイドに回って来ていたりしてたので、それも含めてモウリーニョの狙いだったのかもしれません。やっぱり裏に来るタイプの選手にどんどん来られると、アドリアーノもそれほど高い位置に張れなくなる。エジルも裏を狙っていましたしね。その方法で牽制して、前半は完璧でした。逆にバルセロナは後半、ペドロを左の張り出し役にして、そこを意識してポゼッションを高めたなというふうに思いました。

――それを映像で気付かれたんですか？

彼らのコンセプトがこうなんだとはっきりわかったのが、マンチェスター・ユナイテッドとウェンブリーで戦ったチャンピオンズリーグの決勝（2010‐2011）を生で観た時でした。僕はその試合をちょうどハーフラインの位置から観ていました。そうすると、前から下りてくる選手と後ろから上がって来る選手が密集していて、みんなが中盤になるわけですよ。それで、そこに相手選手が行こうとした瞬間に、ギューンと斜めに裏へ走った選手にパスを入れるんです。この斜めの走りがあるから、マンチェスター・ユナイテッドの選手が打つ手もなく後ろに下がったんですよね。すると中盤がちんちんになる。このバルサの狙いに対してモウリーニョは、マンツーマンで対応しました。中に入ってくる選手に対しては、アルベロアとマルセロがマンツーマンで付いて、両外をディ・マリアとエジルが見る。これが非常に面白かった戦術でしたね。

――モウリーニョは、70分にエジルに代えてアデバヨールを投入しましたね。

守備で頑張って体力がもつのはせいぜい70分くらい。ポゼッションを高められてしまうと、単発の攻撃だけで対抗するのが無理だということは、過去2回の対戦でモウリーニョも感じていたと思います。それで70分過ぎから攻撃色を出して行く。そこから2人の交替が行われるのですが、攻撃に振ったなという印象がありますね。

勝負を決した延長戦。何が変わったのか？

――延長戦に入った時にレアル・マドリーのギアに変化が入りましたね。

この日のモウリーニョのゲームプランをボクシングにたとえるなら、チャンピオンに対して、序盤からしっかり脚を使ってボディブローを打ち続け、最後のラウンドで渾身のパンチを振り抜いたというように見えましたね。僕はディフェンスの人間なので、そういう試合が好きです。延長後半の最後の場面では、ディ・マリアが必死の守備でメッシを倒して足をつり、2枚目のイエローカードで退場しましたよね。ディ・マリアとエジルの使用期限を考えても、モウリーニョにとって、このクラシコは最高のゲームだったのではないかと思います。最後の場面で、C・ロナウドに爆発的な力を出せるようにさせておいたこともしかりです。それほどラインを上げないので、スピードのないリカルド・カルバーリョもちゃんと生きていました。

――延長前半にあったC・ロナウドの決勝ゴールについてはいかがですか？

あのゴールは必然だったと思います。試合がけっこう荒くなっていましたよね。レアルの選手がバルセロナの選手に、わざとぶつかるようなプレーがちょこちょこありました。相手をイライラさせたのは、間違いなく意識的です。特にアルベロアは汚かったでしょ（笑）。さりげなく踏みつけたりね。チャンピオンがバルサだとすれば、その相手に対して冷静さを欠かせることは大切だと思っている。このレベルになると、そういった心理戦のレベルもすごい。

これは**亘崇詞**さん（なでしこリーグ・湯郷ベル監督。現役時代はアルゼンチンのボカ・ジュニオルスなどでプレー）から聞いた情報です。ベレス（アルゼンチン）のビアンチ監督（当時）がトヨタカップでミラン（イタリア）に勝った時、ビアンチがミーティングで選手たちにビデオを見せて、センターフォワードの選手に指示したそうです。「今日の試合で一番大事なことは、最初のプレーでバレージ（ミランの主将でDFラインのリーダー）に体当たりしてイライラさせることだ。こいつのラインコントロールが狂えば、ミランのすべてが狂うんだ」と。もう、そういう世界なんですよ。

日本は「ディフェンスが相手のエースをイライラさせる」ですが、世界のトップレベルでは、フォワードがディフェンダーに対してそれをやるんだと。そこが全然違うなと。全員で強い相手をイライラさせると。こういうことは決して奨励できませんが、実際にあることです。そういった心理戦もこの試合の1つの注目点でした。

――声を大にしては言えませんが、ハイレベルになるほどある駆け引きですからね。

戦術的には最終ラインから中盤への寄せが速いんです。本来であればセンターフォワードと真ん中を空けてしまうと、ディフェンスは背中がおっかなくて仕方ない。だけど、「こいつらは結局、すぐには来ない。来るとしても斜めからで、それはマンツーマンで付いているから、怖がらずに出て行け」というわけです。ペペが行く、セルヒオ・ラモスもカルバーリョも行くと、どんどんセンターバックが中央を空けて出て来るというのは革新的な戦術で偽りの中盤、偽りのセンターバックで対抗した試合でした。非常に興味深かったですね。

――C・ロナウドのゴールシーンに関して、ディフェンス側のバルサはどうでした？

バルセロナのディフェンスの特徴は、相手を押し込んでいて、前線は色々と動きますが、最終的には4人くらいしかボールに絡まない。他の選手は切り替えのポジションを取っているんですよ。ボールを取られた瞬間にババババッと奪いに行ける位置ですね。バルセロナは、このディフェンスが強いわけですが、その第一波を越えられると、ディフェンスはそれほど強くないのです。失点の場面もそうでした。左サイドから絞ってゴール前にいたアドリアーノはジャンプしたC・ロナウドに当たれてもいませんし、マークに付けてもいない。この状態では勝てません。「センターバックがそこにいない」のがバルセロナの戦術ですから、こうなった時には弱いに決まっているわけです。

——なるほど。5つの〝クラシコ〟もそうですが、90分間、120分間の中で駆け引きや勝負を左右する流れがあるわけですね。では、都並さんがサッカーを観る視聴者に、特に注目してほしいところはどこでしょう?

初心者の方は、おそらくボールを出す人を観ていると思いますが、次のレベルではボールを受ける人を、その次のレベルではある選手にボールが入った時の周りの選手を、というふうに見ていってほしいですね。すると、パスを引き出すフォワードの動きやディフェンスを外す動きが見えてきます。例えば、メッシが持った瞬間にスアレスに出すのか、ネイマールに出すのか。メッシは捨てて、スアレスとネイマールの動きを見るといった感覚ですね。メッシが前を向いたプレーは、あとでスローで観られますから。攻撃の時は、そういう攻撃の目線を付けて、増やしていくと面白くなってきます。逆に守備面は、メッシがボールを持った時に素早く、相手の守備のバランスを観る癖を付けると、さらにまた面白い世界に入ってくると思いますね。

例えば、アトレティコのガビがメッシから近いのか、遠いのか。その横の選手がどの距離にいるのか、最終ラインがどういう深さをとっているか。そういうところを瞬間的に観る癖を付けていくんです。最初は速くて目が追いつきませんから、そういう動きをスローで観てみる。僕も昔はそうでした。そうやって見ていくと、だんだんとサッカーの観かたが整理されていくと思います。

周囲の批判は気にしないが、指摘は聞く

――都並さんは、〝視聴者の声〟というものを、どのように考えていますか? 最近ではSNSなどで、視聴者からもリアルタイムで意見が出てきますが。

もう、僕はまったく気にしないですね。というのは、監督をやっていた時のプレッシャーが、そんなレベルではなかったんですよ。ある時、**ラモス瑠偉**さんに言われました。「お前は全員に好かれようとしてるから、プレッシャーがかかるんだ」と。「俺は自分が好きな人間以外に好かれようとは思ってない」と。もちろん、プロとして反響をもらうことには意味があります。課題があれば直しますし、指摘をいただけることはありがたい。先日も歌手の**小柳ルミ子**さん

に「あなたはすぐ早口になるから」と、指摘していただきました（笑）。

あと、僕は解説者として、そこそこ吹っ切れているところもあります。それは例えば、サッカー協会の指導方法に問題があると思ったら、僕はすぐにそれを言ってしまうんです。でも、僕にはサッカー界の中央にポストがほしいであるとか、どこかのクラブで監督をやりたい、といった思いがあまりないので、言えるんですね。現場のことに対してもそう。もしやりたいなら、自分のところのブリオベッカが成長した時にやるだけだと思っていますから、何も怖くありません。そこは自分の強みです。

あとは、最初に言った〝解説者の本質〟の所。視聴者に喜んでいただけるようにということを忘れないように。持論ばかりを延々と話す解説者や批判的なことばかり言う解説者は、仕事がなくなっていくことが多い世界ですから。

――厳しいことを言うにしても、「暗くない」ことは大事ですよね。ファウルや判定などにしても。

そこは時には言わないといけないからね。そのチャンネルをつけていただいたお客さんに楽しんでもらうためにも、僕はちゃんと言いますよ。一番大事なのはそこだと思っています。

＊　＊　＊　＊

日本サッカーを良くしたいという思いを持ちながら、番組のコンセプトや視聴者層に応じてサッカーを伝えていく。元サッカー選手や指導者であれば、自らの経験を語ることは難しいことではないだろう。だが一流の解説者は、常に視聴者の目線を意識しながら、楽しく的確なコトバを紡ぎ出していく。

そこには、プロとしてのもう1つの姿がある。サッカー中継や番組は、実況はもちろんディレクター、プロデューサー、裏方のスタッフ、民放局であればスポンサーなど、多くの人が関わることで成立している。いわゆる〝居酒屋トーク〟ではなく放送ブースやスタジオから、テレビの向こうの視聴者にコトバを届けることへのこだわり。それは解説者の仕事を長く継続していくことで、初めて実現することでもあるようだ。

★都並敏史のコトバ

- サッカーは「守備」。サッカー観戦も「守備」からチェック
- 「ファーストディフェンダー」を見れば、チームの狙いと状態がわかる
- DFラインと中盤のラインの距離感が均等ならOK。センターバックが右往左往していたら「失点のサイン」
- メッシのプレーは〝捨てる〟。イニエスタがボールを持ったらスアレスとネイマールの動きを見よう（※メッシのプレーはリプレーで見られる）

第4章

実況アナウンサーの「解説者取扱説明書」

★ 柄沢晃弘アナの場合 ★

柄沢晃弘（からさわ・あきひろ）

WOWOW編成局編成部エグゼクティブ・アナウンサー。1984年TBSに入社し、主にスポーツ中継を担当。1992年のWOWOW入社後は、サッカー中継を中心に実況を担当し、1998年の中田英寿のセリエAデビュー戦の実況で評価を高めた。様々な解説者の強みを引き出しながらゲームの熱を伝えるスキルは国内随一。現在は、リーガ・エスパニョーラの中継を週に1～2試合担当するWOWOWの〝実況マエストロ〟。

解説者を最もよく知る人物。それは言うまでもなく、解説者の隣で試合を伝える実況アナウンサー（以下、「実況者」）だろう。サッカー中継の現場で実況者は、解説者の個性に合わせ、話を引き出すタイミングや内容を調整する。言わば実況者は、サッカー中継における「司令塔」とでも呼ぶべき存在だ。

視聴者にわかりやすくサッカーを伝えるために、実況者は解説者からどのようにしてコトバを引き出すのか。Ｊリーグの草創期に実況キャリアをスタートし、欧州サッカーを中心に、数多くの個性的な解説者とともにサッカー中継の歴史を積み上げてきた、ＷＯＷＯＷの**柄沢晃弘**アナウンサーに話を聞いた。

カズのセリエＡ挑戦で幕が開いた〝オフチューブ中継〟

――まずは、ＷＯＷＯＷでサッカー放送が始まった当時のことから聞かせてください。

ＷＯＷＯＷでサッカー放送が始まったのは１９９１‐１９９２シーズンのセリエＡからです。ちょうどミランの黄金時代。その頃から今に至るまでお付き合いがある解説者は**奥寺康彦**さんだけですね。当時は**加茂周**さん、奥寺さんを中心に解説をしていただいていました。

あの頃は日曜日の試合を金曜日に放送していたのですが、テープを飛行機でデリバリーしていたという時代。時には通関トラブルで、テープは日本に着いているけどスタジオに届かない、ということもありました。1994-1995シーズンにカズ（三浦知良）選手がジェノアに加入して、「もう生でやらなきゃしょうがない」ということになり、他局さんに先駆けて「オフチューブ」（衛星で送られてくる現地映像にスタジオで実況をかぶせる放送手法）での生中継が始まりました。

その後サッカーのオフチューブの生放送はスタンダードになりましたが、〝キングカズ〟のイタリア行きがなければ、普及するのはもう何年か遅くなっていたと思います。

解説者は「指導者型」と「プレーヤー型」

――リーガ・エスパニョーラの中継がスタートしたのは？

2003-2004ですね。ベッカムがレアル・マドリードに行ったシーズンです。それまでブンデスリーガやチャンピオンズリーグの解説をお願いしていた方に、リーガを解説してもらうようになったという流れですね。

――その後、**安永聡太郎**さんなどが解説陣に加わるようになり、解説者の「リーガ色」が強まっていったわけですね。

そうですね。2003-2004シーズンにリーガの放送を始めた時は、**信藤健仁**さんと**早野宏史**さんが中心で、**奥寺康彦**さんもいらっしゃいましたが、やっていくうちにスペイン色の強い人、あるいはスペイン好きな方が集まってきました。リーガの放送を安定的にできるようになり、スペインに強い**安永聡太郎**さんにお願いしたり、**都並敏史**さんがぜひやりたいと言ってくださったり。**宮澤ミシェル**さんは、アトレティコ・マドリードにコーチ留学をされていて、すごくスペインがお好きであったという経緯があります。

――柄沢さんは、実況者として多くのサッカー解説者と仕事をされてきました。柄沢さんがイメージする解説者の分類というものはありますか？

「指導者目線」の方と「プレーヤー目線」の方に大別できると思います。どちらの目線も備えている方もいらっしゃいますが、例えば、**北澤豪**さんや**宮澤ミシェル**さんはプレーヤー目線の持ち主で、局面の戦術に視点を置きやすいですね。一方、指導者の経験が豊富な方は、俯瞰的なゲームの観かたを得意とされている傾向があります。

いかにして解説者の個性を引き出すか

――なるほど。放送前の打ち合わせのやり方は解説者によって変わりますか？

通常は放送の2時間前にスタジオに入って、打ち合わせをします。資料を見ながら解説者とよもやま話をするのですが、そこで「今日の○○さんはこういうところに話を持っていきたいんだな」とか、「今はこういうことに関心があるんだな」といったことを擦り合わせておきます。擦り合わせの時に細かく話しておきたい方もいますし、逆に本番で掘り下げてほしいタイプの方もいます。ただ、打ち合わせで話しすぎると本番で「あれ？ これ放送でもう話したことだっけ？」と区別が付かなくなってしまうことがあるので、注意は必要です。

あとは、ネタばらしをしたくない方。例えば、**中西哲生**さんは打ち合わせやリハでは、本番で話すことを言わないタイプですね。そういうタイプの方との打ち合わせ時は、「こういうことを聞きますので、本番でよろしくお願いします」という程度にとどめます。それぞれの解説者の方のやりやすさを優先していますね。

——いざ試合が始まれば、試合展開に応じて状況がぐるぐると変わりますよね。その中で、解説者を生かすために柄沢さんが気を付けていることは何でしょう?

解説者ごとの強みを引き出せるように話を持っていきますね。**宮澤ミシェル**さんであれば現役時代はディフェンダー、**城彰二**さんはフォワード。今日は城さんだからなるべくフォワードについて聞こう、ミシェルさんだからディフェンダーについて聞こう、となります。面白いのは、フォワード出身の人が逆にフォワードに厳しいこと。私たちが見て「すごい!」と思うプレーでも、「フォワードならこれくらいは当然です」という感じですね。

——確かに、城さんにはそういう印象がありますね。

逆にミシェルさんであればディフェンダーの目線で、「危険なシーンになりかけたのは守備のここが良くなかった」「ここは奪いに行くのではなく遅らせなければ」「簡単に足を出してはいけない」と。ディフェンダー出身であるからこそディフェンスに厳しい。もちろんファインプレーには「ここが素晴らしかった！」となります。フォワード出身者はフォワードの気持ちがわかるだけにフォワードに同情的なこともありますが、「こんなのは普通のプレー」「今これをしなければならなかった」ということに話が行くことがあります。そういう解説を引き出せた時は、「よしよし。この人でなければできない話を引き出せた」と、心の中でガッツポーズをしています。

――それほど指導者経験がない解説者でも、例えば、ボランチ出身の解説者は監督目線になりやすい、といった感覚はありますか？

例えば、**望月重良**さんは現役時代さながらに理論派で視野の広い解説をしますよね。指導者目線という点では、現役の指導者である**安永聡太郎**さんや**宮本恒靖**さん。それから、指導者経験が豊富な**関塚隆**さんなどはまさにそうですね。例えば、関塚さんは「この時、このポジションの選手には、本当はこう動いてほしいんだ」などといったことをおっしゃいます。「この選手はここで1トラップしたがる傾向があります。自分が監督なら、この時はミスしてもいいから、なるべくダイレクトで叩くように指導したい」とおっしゃったこともありましたよ。そういった監督経験者の言葉には、実況をしながら思わず感心してしまうこともあります。

解説者には実に様々なタイプが存在するが、現役時代のプレースタイルやポジションにより、解説の視点も大きく異なるようだ。また、指導者経験の有無によってもスタンスは変わってくる。WOWOWのサッカー放送は、少数精鋭の印象ながら個性豊かな解説者が揃っている。それでも中継のクオリティーが安定しているのは、柄沢氏ら実況者の働きによるところが大きいと言えるだろう。

解説者のコトバで放送の価値を高める

——柄沢さんほど多くの試合を観ていると、解説者のコトバを待たずに、自分で説明できてしまうような場面も出てきますよね。そういうシーンでも、あえて解説者からコメントを引き出

すのでしょうか？

それは自分でも意識しています。「何か」が見えた時に、「この解説者なら絶対に言ってくれるな」という形でエサを撒くような水の向け方をすることがありますね。もちろん実況するうちにテンションが上がって、自分で結論を言ってしまうこともありますが、そういう時は、「これは（解説者に）言ってもらうべきだったな」と反省します。試合の分水嶺やプレーの本質に関わるところは解説者にしっかり解説してもらうことで、放送として1ランク上のものになりますからね。トータルで考えれば、実況者が出しゃばらない方がずっといいと思うんです。

――解説者が気持ちよく話をしている時に、実況者が「あーっ」と言って止めることがよくありますが、いかに失礼にならない形で止めるか、というのはなかなか難しいですよね？

よく「におう」と言いますよね。得点の臭いというか、守備の人数やスペースの状況から、これはシュートまで行くなと思ったら、ちょっと大きい声で割って入ってボールを追いますね。そのあとで「話が途中になりました。失礼しました」という感じで元の話に戻ると。

ペルージャに加入した中田英寿選手のセリエAデビュー戦となったユベントス戦では、こんなことがありました。解説の**信藤健仁**さんの話が続いている時にボールが右サイドに出て、あれはペトラッキ選手だったかな。誰かがフリーで持って中田選手が寄ったんですよ。そこで中田選手にパスが入る瞬間に「あ、これシュートまで行くな」と感じて、失礼ながら割り込んだ覚えがありますね。予想通り中田選手がシュートを打ってゴールになったのですが、あれは結果的に割り込んで正解だったと思っています。

――逆に実況者が話しかけている時に、解説者の方はプレーに集中して解説に落とし込みたい、という状況もありますよね?

それはあります。普段からその人の〝好物〟が何かを把握しながら、「たぶんここは試合を追いたいんだろう」ということは考えますね。そのほかには、ケースは違いますが、**安永聡太郎**さんであればスペイン語がわかりますし、指導者目線でもありますので、監督やコーチがピッチサイドに出て何か叫んでいる時には、その声が聞こえやすいように実況者は黙ります。例えば、スローインの時に「シメオネが今、コケに下がって受けろと指示しています」といったコメントをもらえますので、そこは意図的に沈黙しますね。

――ハーフタイムに、例えば宮澤ミシェルさんが映像を使った解説をするケースがありますが、あれはどのような流れになっているのでしょうか？

ハーフタイムのピックアッププレーですね。あれは解説者の方にメモを取ってもらうんです。例えば「前半35分、イニエスタからジョルディ・アルバ」といったメモをいくつか作ってもらう。それで、ハーフタイムに入った瞬間に、セレクトした2つ、3つの中から1つを決めてフロアディレクターに渡すと、編集マンがそこを抜き出して映像素材を作ります。それで私が今後の放送予定をしゃべっている時やVTRの間に、ミシェルさんは一旦サブスタジオに行って、「このシーンをこう解説したいからリプレーをこう振り返るようにしておいて」という形で、1分半程度のわずかな時間で簡単な打ち合わせをして、戻って解説をするんです。

サッカーを楽しむための演出技法

――現地からの生中継時に、実況者のテンションが上がって、オフチューブより声が大きくなることがありますが、現地の雰囲気が伝わってきますよね。

例えばEUROの場合には、ほとんど現地からやりますので、グループリーグ3戦目ともなると消化試合に近い試合もあります。その時に、落ちついた放送をしてしまうと「現地らしく盛り上げてくれ」とか、視聴者がチャンネルを変えてしまわないように「もう少し熱めにお願いします」というオーダーが、スタッフから来ることがあります。そういう状況には慣れていますので、消化試合や展開が見えた試合でもテンションを下げないようにします。

――0―0の展開で試合が動かない時に、実況者によってはよもやま話に行ってしまうこともあります。柄沢さんならどんなふうに対処しますか？

スコアレスドローにするために、両チームが何をしているのかを掘り下げることもあります。例えば、**信藤健仁**さんに解説していただいたレバンテ対バルセロナが印象に残っていますね。バルサは引き分け以上で優勝が決まり、一方のレバンテは残留がかかっていました。レバンテはホームとはいえ相手はバルサですから、下手に打って出て勝ち点1も取れないとなると降格してしまう。ですから後半35分過ぎから「1-1で良し」となりました。その時に信藤さんが「これはつまらないと思わないでほしい」「両方にとって運命がかかった大切な試合だから、この引き分け狙いの試合をリスペクトして観ましょう」とおっしゃいました。このように、引き分け狙いの試合で内容がつまらなくなってしまっても、試合から離れすぎない話に持っていくことは解説者の方も意識してくれています。時には完全に試合と関係ない話をすることもありますけどね。何が現地の名物で食べたらおいしかったとか（笑）。

このようにして、視聴者の観戦の手助けとなる効果的な解説を引き出す柄沢氏の実況は、本人曰く、〝プレーファースト〟のスタイルだ。試合という最高の素材を無駄なく提供することは、サッカー中継の基本である。もちろん時には〝脱線〟もあるが、それもしっかりと試合を伝える日頃の姿勢があってこその味付けだろう。

スペシャルゲストがやって来た

――解説者にどのようなバックボーンがあったとしても、視聴者に伝わらなければ意味がない。それが解説者の仕事だと思います。その意味では、解説者の知識や見識を視聴者の求める方向に持って行くのは、実況者の醍醐味ですよね。

醍醐味、やりがい、面白さですよね。実況者の仕事はよく、ボランチにたとえられます。さばくのか、スルーパスを出すのか、放り込むのか、常に考えます。自分を目立たせすぎずに、解説者を生かすことで放送のクオリティーを上げることに尽きますね。

――大物のスペシャルゲストが来た時はいかがですか？　放送のクオリティー維持の点に関しては、特有の難しさがあるようにも感じるのですが。

スペシャルゲストの存在によって、放送がいつもと違うものになることはあります。ただ、呼んだ以上はその人に話を聞きたいですし、いつもと違う放送になることを恐れないように心がけています。それに、いつも同じキャストではマンネリ化する危険もありますしね。いつもと違う切り口や、予定調和でないものを取り込んで、新しいケミストリー（化学反応）をどう起こしていくか。そのスペシャルゲストが饒舌か、放送慣れしているかなど、内容以外の部分で気をつかうところも多いですが。

――それが中村憲剛選手（川崎F）あたりだと、非常に饒舌ですよね。

中村憲剛選手と田中隼磨選手（松本）は現役の選手ですが、今すぐピンでも解説できると思います。みんながみんなそうではありませんし、すごくサッカーを知っているけど緊張してしまったり、しゃべりが苦手ということも多いです。現役の選手や監督がスペシャルゲストで来た時は、放送のベースを保ちながら、その中でどう付加価値を付けるか、という折り合いがある。そこはパワーを使うところです。

――スペシャルゲストが来た時は、気心の知れたレギュラーの解説者と、「ここはゲストを立

てようよ」という暗黙のやりとりなどもありますか？

それはありますね。スペシャルゲストが来ると、レギュラー解説陣は**奥寺康彦**さんや**宮澤ミシェル**さんなど、スペシャルゲストを立てて、生かしてくれそうな解説者になる場合が多いようです。それは私たちの采配というよりは、プロデューサーがブッキングをする段階で「今日は柄沢さんはこういうふうに」とか「今日は交通整理に専念してください」といったリクエストを制作側からもらったりしますね。

――日本代表のハリルホジッチ監督もゲストで来ていますよね。

ハリルさんは大きな大会では、通訳が入ることもあって副音声にしたんです。実は、**フィッカデンティ**監督（FC東京→鳥栖）を呼んだ時に、話はすごく面白かったけれど、通訳が必要なので話が煩雑になってしまい、もう1人の解説者の方が活躍の場を持ちにくかった、という反省材料が残ったんです。それで通訳が入る時はピンにしてしまうとか、ハーフタイムや試合終了後にフル回転してもらう、あるいはEUROの時のように副音声にする、というようなことを、制作側で考えるようになりました。ハリルさん自身はサッカーのことをすごく考えているし、熱いですよね。我々と食事に行っても、ずっとサッカーの話をしていますし、通訳を介しながら、私たちといくらでも話してくれました。

――ハリルホジッチ監督なら、立場的にもリーガのトップクラスの選手のプレーを厳しく評価しやすいですが、例えば、現役Jリーガーが解説をする場合には、経験や理論がしっかりしていたとしても、突っ込んだ発言をしにくい、ということはありませんか？

WOWOWの制作側としては、Jリーガーや日本代表の選手をリスペクトしていますし、戦っているフィールドは違っても、プレーヤーでなければわからない臭いや肌感覚のようなものを出してほしい、というニーズで呼んでいるわけです。現在の解説者の多くの方は、現役を退いてから時間がたっていますので、どうしても肌感覚的なものが薄くなることは否めません。例えば、**中村憲剛**選手や**田中隼磨**選手など、Jリーグの選手が毎オフにスペシャルゲストで来てくれることは、私たちにとってもいい刺激になります。WOWOWのリーガファンの視聴者のみなさんも「あの選手は詳しいよね」と認めていると思いますよ。

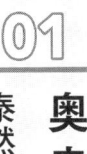

柄沢アナが〝解説〟する！WOWOW解説陣10傑（※敬称略）

01 奥寺康彦（おくでら・やすひこ）

泰然自若な〝東洋のコンピューター〟

天才肌。野球で言えば〝長嶋さんタイプ〟です。試合を細かく観るというよりは、俯瞰的に観られる方です。どちらのチームの出来が良くて、どちらが悪く見えるか。それはなぜかというと走る量がいつもと比べて多いから、あるいは少ないからです、といったように、個々のプレーよりも全体を広くカバーしてくれます。鷹揚に見えますが、「えっ！そこ見てたの？」とドキッとさせられることも多い。さすがは〝東洋のコンピューター〟です。

そして何より人柄が素晴らしいですよ。奥寺さんが不機嫌だったことは、これまでに一度もありません。私たちがミスをした時には黙って救ってくれるような、何とも言えない大らかさがありますから、「今日は奥寺さん」と聞いただけで安心感が湧いてきます。「この選手がダメだったから、このチームは負けた」ということもまず言いません。奥寺さんはどんな時でも奥寺さんなんですね。

奥寺さんと出張に行った時のことを放送中に話すこともあります。一緒に現地に行くと、「この人は日本にいるよりも、ヨーロッパでとんでもなく有名な人なんだ」ということがわかります。ドイツではテレビ局がひっきりなしに「オク、今日の試合を予想してくれ」と頼んで来るし、チャンピオンズリーグでもブンデスリーガでもドイツのチームがいれば、チームの中に必ず奥寺さんを知る誰かがいる感じですね。

ただ、こちらから聞かない限り、それを自分からはひけらかさないのが奥寺さんという人です。シュスターがレアル・マドリードの監督をやっていた時も、自分からは「僕はシュスターをよく知ってるよ」とは言われませんので、こちらからコメントを引っ張り出す、ということをさせていただきました。EURO2004はギリシャが優勝しましたが、そのチームの監督はオットー・レーハーゲル。奥寺さんが現役時代にプレーしていたブレーメンで監督をしていた指導者ですよね。でも、やはり奥寺さんは「オットーはこういう人だよ」とは言いませんから、必ずこちらから水を向けるようにしています。

とにかく元気な人で、解説の仕事が終わった早朝に、そのままゴルフに行くこともあるようです。25年前から変わらず泰然自若。放送する側としては、本当にやりやすい解説者ですね。

02

野口幸司（のぐち・こうじ）

弱者目線で考える解説の求道者

野口さんが現役を引退した後、最初に解説をしていただいたのがWOWOWでした。ブンデスリーガがスタートだったと思います。地上波で代表戦の解説をやられたこともありますが、ほとんどWOWOWでやっていただいているので、一緒に成長してきた同士というか、戦友のような親近感を持っています。

ものすごく勉強熱心な方です。例えばEUROのような大会では、残り試合数が少なくなってくると、アナウンサーや解説者は次々に日本に帰って行くことになります。でも、野口さんは自分の契約が終わっても自費で現地に残り、勉強として残りの試合を観ているようなタイプでした。

現役時代はフォワードでしたが、指導者としてはディフェンスを重視される方で、解説者としてもディフェンス目線。相手のフォワードの攻撃力をどう止めるかに関心を持たれています。現役時代もどちらかといえば〝ごっつぁんゴール〟狙いのフォワードで、自分の高さや速さ、強さに頼らず、どこにいたらボールがこぼれてくるかとか、こうすれば自分はフリーになる、という勝負を続けてきたフォワードだと、ご自分でもおっしゃっています。「自分は誰よりも頭を使わなければ生き残れなかったので、そういうプレースタイルになったんです」と。

平塚（現・湘南）時代に鹿島戦で1試合5ゴールした時などは、自分が取りまくったというよりは、中田英寿選手が3アシストぐらいしたのかな。フリーになるポジションにいてスルーパスを受けたり、相手のマークがベッチーニョに行ってるから、自分は〝おいしいところ〟にいてこぼれを狙うといったことを意識した結果とおっしゃってました。解説スタイルもまさにそれ。自分がフォワードとして生き残ってきたやり方を、そのまま解説に持ち込んでいる印象です。

野口さんには、わりと判官贔屓なところもありますね。バルセロナの試合を解説していても、強いバルサをどう攻略するか、どう隙を突くか、ということを話すのが好きです。放送前の打ち合わせでも、やはりそこに目線を持っていきたがります。バルサファンには「野口はアンチバルサか？」と思われているかもしれませんが、決してそうではなくレアルに対しても同じスタンスです。そこはアナウンサーが二強の情報を補完して、バランスを取ることができますから。

03

北澤 豪（きたざわ・つよし）

実は理論派？〝永遠のサッカー小僧〟

北澤さんとのお付き合いは、15年ほどになるでしょうか。横にいて〝サッカー小僧〟の熱さを一番感じる解説者です。放送の時は「おお！」とか「ああ！」といった感嘆詞が多めに出てくるタイプ。そうじゃない時は、「うーん」と見入って「試合に入っている」こともあります。本当に好きなんだな、サッカーが。北澤さんは〝仲間〟ですから、思わず突っ込んでしまうこともありますが、やりにくさはまったくないんですね。でも、打ち合わせ時や放送終了後は理論派なんですよね。

EURO2004のポルトガル対イングランドの準々決勝では、延長戦に入ってルイ・コスタがゴールを決めたのですが、その時は立ち上がって涙を流していました。結局、試合はランパードのゴールで同点になりPK戦まで行ったのですが、あの時は「この人と組めて幸せだな」と感じましたよ。

すごく勉強熱心な方ですし、本当に多くの試合を観ています。言葉数は多くはありませんが、試合後のハイライトなどでは、「そこ見てたか！」ということを話してくださることも多いですね。プレーヤーとしてもダイナモでしたが、解説者としてもいろんなところを見てらっしゃって、視野の広さを感じさせることがよくあります。普段からノリのいいキャラクターに見えるかもしれませんが、本質は少し違うんじゃないかと、個人的には思っています。「たぶん今は、ここを見てるんだろうな」「ここを言いたいんだろうな」といったことをリアルタイムで引き出せなかった時は、「先ほどのジョルディ・アルバのシュートシーンですが、位置が良かったですか？」と、話を振ることが北澤さんの場合にはありますね。

04

宮本恒靖（みやもと・つねやす）

放送席でも頼れるキャプテン

宮本さんは圧倒的に頭がいい人です。いろんなところに興味を持って観ていて、ディテールをチェックして、その理由付けをされる、という解説が多いですね。これは私見ですが、**中西哲生**さんと相通ずるという印象があります。

宮本さんには1つ、忘れられないエピソードがあります。

EURO2012の決勝、スペイン対イタリアの試合前のウォームアップの時に、私が、以前スペイン代表の練習を見た時にピケが信じられないほど上に蹴り上げたボールをマタがぴたっとトラップで止めた。スペインの選手は足下がうまいと言うけど、トラップのうまさが際立っている。日本人はキックはうまいかもしれませんが、止める方はどうでしょうか…、といった話を振りました。すると、宮本さんが食い付いてきて、「その時マタは足のどの部分を使って、どこにトラップしましたか?」と聞いてきたんです。私はディテールまでは覚えていなかったので、「たぶん足の甲の指に近いところで吸い付くような感じで止めたと思いますが、確信はありません」と言うと、残念そうに「ああ、そうですか」と。その時にマタがどうやってボールを止めたかを、本当に知りたかったんですよね。侮れないというか気が抜けないというか、いい加減なことを言うと大変だな、と思わせる解説者です。

その一方で、宮本さんは気配りの人でもあります。例えば、実況者が解説者に花を持たせるということがありますが、宮本さんの場合は逆にこちらに花を持たせてくれるということがあるんです。「これは柄沢さんがおっしゃっていましたが…」という前置きを入れてくれたり、ささっとメモを書いて渡してくれたり、こちらが探している資料を見つけられずにいると、放送の最中にさりげなくボールペンで「ここですよ」と教えてくれたりすることもあります。

私たちアナウンサーは試合だけではなく、時計や資料、フロアディレクターの指示も見ていますが、宮本さんは解説者であるにもかかわらず、アナウンサーやフロアディレクターの動きまで全部見えています。要するに、恐ろしく視野が広いんですよ。「3バックの真ん中のキャプテン」をそのまま解説業でもやっているんですね。見えているうえに、さらに見ようと努力もされている方です。

05

都並敏史（つなみ・さとし）

他の追随を許さない高濃度解説

一言で言うと「戦術オタク」ですね（笑）。WOWOWのスペインサッカー情報番組『リーガダイジェスト！』では、アトレティコ・マドリードのシメオネ監督の分析などをやることありますが、この方は、そういった試合後の解説でも強みが出る。

この人も〝サッカー小僧〟ですね。サッカーの話をしたらいくらでも話せる感じです。一緒に出張に行って一番面白いのが都並さんですね。また、話も上手なんですよ。限られた15秒、

20秒の間にものすごく詰め込んで話せてしまいます。夜中に観ている視聴者に、その密度が全部伝わっているかはわかりませんが（笑）。

ただ、話している時に大事なシーンがあった時は、この話を早く終わらせて、次のシーンにという感覚をお持ちであることは、横にいてわかります。面白いけど地味なカード、例えばセルタ対ラスパルマスなどで都並さんと組むと、「今日はいい放送になるといいな」と思いますね。監督の狙いが明確にあり、それを都並さんに分析してもらえる楽しみがありますので、そういうカードで都並さんが来るとうれしいです。

マイナーだけど戦術的に面白いことをやっているチームがどこなのか、その良さが試合で出るのか出ないのか。セルタもラスパルマスも強豪チームではありませんが、意外とボールポゼッションが高かったりします。例えば、相手がアトレティコだったりすると、むしろラスパルマスのポゼッションの方が高くなるわけですよ。すると、その試合に関してはラスパルマス寄りの放送になってしまうかもしれませんが、都並さんの解説を通して視聴者が、普段はあまり光の当たらないチームのやり方や選手を覚えてくれたらいいと思います。

ただ、アトレティコの場合はポゼッションが低くても、エースストライカーであるグリーズマンの凄みを発揮しやすい状況かもしれませんよね。そういうことは頭に入れながら、必要であれば早い段階で「ラスパルマスの方がボールを持っていますけど、アトレティコがショートカウンターを狙いやすい」と私の方で言ってしまい、より詳細な解説を都並さんにお願いすることもあります。ですから、都並さんと組む時には、視聴者に興味を持ってもらいたいポイントを探しながら、問いかけていくようなスタイルになりますね。

06

安永聡太郎（やすなが・そうたろう）

〝頭〟で戦うチャレンジャー

2度にわたってスペイン2部で長くプレーされた方です。その時の監督がファン・デ・ラモス（セビージャ、トッテナム、レアル・マドリードなどの監督を歴任）であったり、チームメイトが故〝ティト〟・ビラノバ（元バルセロナ監督）であったりもします。彼が肌で感じたスペインサッカーの面白さや難しさを、我々がどこまで引き出せるか。あとはスペイン語がわかる方なので、それをどう生かしていくかがポイントですね。

安永さんはアタッカーでしたが、どちらかというと抜け目なさとハードワークを強みにしていた選手でした。2トップの一角に入る時、あるいは3トップのウィングに入る時に、自分を生かす方法を研究しながら、ものすごく頭を使ってプレーされていたそうです。

特にスペインは4-3-3や4-2-3-1のチームが多いので、右のウィングでプレーされることが多かったそうです。初めのころは、どんなプレーをすれば評価されるのかわからなかったそうですが、相手のサイドバックとの1対1の局面では味方に戻さずに勝負することを監督が求めていると早い段階で気付いたとか、最初にチームに加わった時には、ライバルの強みと弱みを分析して、自分が試合に入った時にはあいつにできないプレーをしようと意識していた、などともおっしゃっていました。そういう抜け目なさも解説に反映されていると思います。

もちろん清水商業高校時代はエリートでしたが、彼がマリノスに入団した時には、チームメイトにあのラモン・ディアスがいたんですよね。その時にディアスから教わったことや盗んだことがあり、さらにディアスとは違う自分の持ち味を出そうとトライをしたそうです。その姿勢のままスペインに渡り、戦ってきた人なので、解説者としても「どうすれば自分を生かせるか」というチャレンジをされているんだな、ということが伝わってきます。

今は相模原の監督を務めていますが、とにかく安永さんは、サッカーへの情熱が尽きない人。才能や勢いだけでやってきたフォワードではありませんので、それが解説に生きているのではないかと思います。

07

城 彰二

（じょう・しょうじ）

感覚と俯瞰の視点を併せ持つ

フォワードらしい感覚派ですが、全体を見る目も備えているのが城さんの特徴。そして、フォワードのプレーには特に厳しい方ですね。現役時代の城さんはスピードのあるフォワードでしたが、そこまでフィジカルが強いタイプではありませんでした。にもかかわらず、なぜあれほどヘディングシュートが決められたのか。それは、相手ディフェンダーより一歩先に入る動きや、センターバックの視野の外から点で入るのが得意だったからですよね。ですから、ただ漫然とクロスを待っていてシュートを失敗するようなプレーが許せないんですね。「もっと頭を使え」というわけです。

タイプとしては、北澤さんに近く、「この人は今、何を話したいんだろう」ということを、推し量りながら実況していると、「やっぱりこの人は違うな」という視点が出てくる人です。

本当に優しい人柄の持ち主で、少し奥寺さんに似ている部分もありますね。バルサやレアル・マドリードがどれだけすごいのか、どれだけ怖いのかを肌で体感していますので、バルサやレアルが負けた時には、厳しいことを言うこともありますが、それはリスペクトの裏返し。

そこだけを切り取られると言葉が独り歩きしてしまいますので、実況者としては、そのような印象にならないように心掛けています。

城さんは、現役時代にバジャドリードに移籍しましたが、膝の問題もあって、半年しかプレーすることができませんでした。バジャドリードを取材すると、それでも、チームと街に残したインパクトは小さくなかったようです。ホテルの従業員のみなさんも、タクシーの運転手さんに「ジョーは元気にしているか？」と聞かれますし、城さんのことを好意的に覚えていますす。そんなエピソードが、城さんの魅力を象徴しているように感じます。

08

関塚 隆（せきづか・たかし）

常に監督目線の探究者

サッカーの非常に細かい部分をご覧になっている解説者です。ロンドン五輪で、あの日本代表を準決勝に導いた手腕は伊達ではありません。あの時は、しっかり守備をして、引くだけではなく、中盤からカウンターに持って行って永井謙佑や大津祐樹のスピードを生かすといったように、理路整然とあの手この手を打ち出して、結果に結びつけましたよね。解説にもそういうところが見られます。自分が監督だったらどうするか、逆にこれは自分のチームの指導で使ってみようといった解説をされることがよくあります。

自分の知識を広めるというよりは、解説の仕事を吸収の場にされている感じです。指導者として実績のある方は、明らかに情報収集的に見ているところが共通しています。例えば、**岡田武史**さんにもそういう面がありますし、岡田さん自身も実際にそう言っていました。

ロンドン五輪でスペイン代表と対戦していますが（〇1―0）、当時の日本に敗れて、後に一流になったスペインの選手は多いですよね。イスコ（レアル・マドリード）や、イニーゴ・マルティネス（レアル・ソシエダ）、キーパーはデ・ヘア（マンチェスター・ユナイテッド）ですし、ムニアイン（アスレティック・ビルバオ）やコケ（アトレティコ・マドリード）もいます。現在のリーガでバリバリやっている選手が当時のスペイン代表には多くいましたので、今、関塚さんから話を聞くと、あの時は勝つべくして勝ったんだなと思うんです。向こうは日本を舐めていましたし、永井の速さもわかっていない。でもこちらはムニアインのこともイニーゴのことも知り尽くしているといった具合に、当時のスペインを研究し、相当な分析をして試合に臨んだそうです。そのような姿勢は関塚さんの解説スタイルにも表れていると思います。

09

望月重良（もちづき・しげよし）

天性の〝筋〟を持つ新進気鋭の解説者

現役時代はボランチの位置の司令塔のような視野の広いプレーヤーでしたが、そのスタイルが解説にも生かされています。アトレティコで言えば、ガビ。決してスターではないけれど、欠かせない。望月さんはそういうタイプの解説者です。望月さんは解説を始めてから、まだそれほど日が経っていないのですが、なぜか最初から〝できてしまう人〟でした。みなさん最初はできないんですよ。掛け合いのタイミングが計れなかったり、しゃべりすぎてしまったり、実況者が振らないとしゃべれなかったり、しゃべっていて整理がつかなかったり。初めの頃はうまくできずに、解説が終わった後は不完全燃焼で、少し落ち込んで帰る方がほとんどなんです。

でも、望月さんは最初からできていました。たぶん、ご自分で「うまくやろう」と気負わずに、自然とうまくいく感じなんだと思います。自分が感じたことをしゃべりながら、バランスを見て、邪魔はせず、出しゃばらない。でも言いたいことは全部言うと。リーガは好きでよくご覧になっていたそうで、解説者としての能力もあったというのが望月さんですね。

スペインが好きでずっと観ているプレーヤーというのは、かなり多いようですね。引退された方では**岩本輝雄**さんや、現役であれば**中村憲剛**選手や**田中隼磨**選手など、非常に熱心に観ている人たちがいます。WOWOWは、これまでにもいろんな方に、ゲストも含めて解説をお願いしています。1回きりで終わる方、数回で終わる方も多くいる中で、望月さんとはお互いが「またお願いします」という形になりました。サッカー放送の仕事は、多忙な時期が重なりますから、普段解説をお願いしている方のスケジュールが埋まってしまう時もあります。そんな時にピンチヒッター的にお願いして、結果を出していただいて、気がつくとレギュラーになっていたという方がいますが、望月さんもその1人ですね。

10

宮澤ミシェル（みやざわ・みしぇる）

とにかく明るい“情熱解説”

フォワード出身の城さんがフォワードに厳しいのと同じように、ディフェンダー出身のミシェルさんは、ディフェンダーに厳しい方です。周りを取り囲んで相手のプレーを限定する、遅らせるといったプレーを生命線として生きてきた、現役時代のプレースタイルが関係しているのかもしれません。

ミシェルさんは、現役引退後の90年代後半にアトレティコ・マドリードにコーチ留学されているのですが、その時に触発されたことが現在につながっているようです。例えば、その当時のアトレティコには育成年代のF・トーレスやガビがいて、彼らから相当な衝撃を受けたそうです。トーレスは言うまでもなく天才でしたが、当時それほど目立ってなかったガビについても、「彼は将来トップで長くやる選手になる」とミシェルさんは断言されていました。でも、当時は後にWOWOWでリーガの解説をやることになるとは、思っていなかったそうです。

にぎやかなサッカー中継を俗に「居酒屋」と言いますが、私は居酒屋には2つあると思っています。「明るい居酒屋」と「愚痴っぽい居酒屋」ですね。まずいのは後者。愚痴っぽい居酒屋では、せっかくいい内容の放送をしていても、放送全体の雰囲気が湿っぽくなってしまうんです。でも、ミシェルさんが厳しい意見を言う時は、くさす感じではなく、明るく楽しい解説ですからね。同じ内容を話すにしても、あまりに批判めいた口調が強すぎると反感を買うことがありますが、ミシェルさんはとにかく明るい。「いや残念だよねー。ここはディフェンスはね、行きたくなるんだけど我慢しなきゃいけないんだよね。ここ行くと裏に入って来ちゃうから」といった軽妙なノリでしゃべってくれます。あのミシェルさんの独特の口調と、明るいキャラクターには、実況者の私も救われることが多いですよ。

第5章

ジャーナリスト解説者は、なぜ「呼ばれる」のか？

★後藤健生の場合★

後藤健生（ごとう・たけお）

1964年の東京五輪以来サッカー観戦を続け、1974年西ドイツ大会以来ワールドカップはすべて現地観戦。慶応大学大学院で政治学を修了し、1980年代からサッカージャーナリストとしての活動を開始。専門誌を中心に30年以上にわたって精力的に記事を寄稿し続けている。1998年のフランスワールドカップ以後は、解説者としても活躍する日本におけるサッカー報道のパイオニア的存在。かつて「クイズ王」として鳴らした異色の経歴があり、マニアックな情報から俯瞰的な意見まで幅広い知識を持つ。ジャーナリストの「ご意見番」としてテレビ番組からコメントを求められることも多い。

「サッカー解説者」と聞けば、誰もが真っ先に思い浮かべるのは、元選手や指導経験者だろう。だが、そのようなベースを持たずに解説の分野で活躍する人々もいる。サッカージャーナリストである。

サッカージャーナリストは、主にサッカーの試合や日々の練習を取材している。取材活動を通して得られた情報をもとに記事を書き、サッカー雑誌や新聞、ウェブサイトなどに寄稿する。そのような彼らが解説者として起用されるためには、豊富なサッカー知識や取材経験だけでなく、選手や指導者とはひと味違うコトバを視聴者に伝えるための視点が求められる。

スカパー！が海外サッカーの放送枠を大幅に拡大していた2000年ころ、サッカー専門誌の編集長や現地在住の経験を持ち、特定のリーグに造詣の深いジャーナリストなどが、解説陣に加わるようになった。『ワールドサッカーダイジェスト』誌元編集長の**粕谷秀樹**氏、『カルチョ2002』を創刊した故**ジャンルカ富樫**氏などは、独特の口調やマニアックな知識で、海外サッカー放送に深みと彩りを加えてくれた。

その他、選手との豊富なパイプを持ち、冷静な分析に定評がある『サッカーキング』誌元編集長の**岩本義弘**氏や、的確な試合分析で知られる**西部謙司**氏もまた、ジャーナリスト解説者の代表格と言えるだろう。

タレント・モデルとして活動する**パンツェッタ・ジローラモ**氏のほか、**チェーザレ・ポレンギ**氏、**ベン・メイブリー**氏といった外国出身の識者やジャーナリストも、主に母国リーグの中継で解説者(あるいは「ゲスト・コメンテーター」)として招かれることが少なくない。

最近では、「スポナビライブ」や「DAZN」などのネット配信サービス型の放送が拡大したことにより、主要リーグの全試合放送に加えて、2部リーグの試合も放送されるようになってきた。その中で昨今、各国リーグの専門知識を持ち、独自に収集した情報を生かせるジャーナリスト解説者のニーズが高まっている。かくいう筆者もそうした事情の中で、しばしば解説の機会をいただいている1人だ。

「ジャーナリスト解説者」の強み

そうした流れが生まれるはるか以前から「ジャーナリスト解説者」として活躍してきたのが**後藤健生**氏だ。1980年代から数多くの記事や著作を発表してきた後藤氏の作品群の中でも、とりわけ筆者は『世界サッカー紀行』(文藝春秋)と『日本サッカー史―日本代表の90年』(双葉社)から大きな感銘を受けている。

前者は世界のサッカーにおける各国のスタイルや特徴を、歴史的・文化的な背景から詳細に例証したもの、そして後者は、日本サッカーの草創期から現代までを象徴的なエピソードとともに整理したものだ。そのような後藤氏の幅広く俯瞰的な見識は、元選手・指導者の解説者の「経験則」とは違う角度から、解説の価値を生み出している。

もちろん本書に登場する**中西哲生**氏（第6章参照）のように「スポーツジャーナリスト」として見識を広め、「経験則」より取材や分析に重きを置いたコトバを発信する元選手の解説者もいる。だが、例えば異なる国のクラブチームの対戦などで、両国のサッカースタイルの比較などを行う場合には、取材や情報収集を通じた客観的な視点を備えるジャーナリストの強みが発揮される場面が少なくない。

事実、特定リーグのスペシャリストとして、解説者に起用されるジャーナリストは多い。しかし、後藤氏はイタリアのセリエAからベルギーリーグ、チャンピオンズリーグのマニアックなカードにいたるまで、幅広いカテゴリーの試合に対応してきた実績がある。

1988年のソウル五輪の前に『ストライカー』誌で初めての連載を持ったという後藤氏が、スカパー！の解説者として、サッカー中継の現場に足を踏み入れるようになったのは、1998年フランスワールドカップの後だった。

それ以前にも後藤氏は、ＮＨＫなどのサッカー特番でテレビ出演することがあり、初めてリアルタイムで解説した試合については「いつのことだったか思い出せなくて…」と苦笑いを浮かべる。だが、「間違いなくやった覚えがあるのは、カズがクロアチアに行った試合。それは１９９９年だよね」と言う。

観ている人の邪魔をしない

「最初はどこで口を挟んでいいかがわからず、実況者が振ってくれないとしゃべれなかった」と、当時を振り返る後藤氏だが、解説者業で当初から心がけていたのは「観る人の邪魔になる解説はしない」ということだ。「自分がテレビを観ている立場で、『この解説いやだな』と思うことってあるよね。だからこういうふうにしゃべった方がいいんじゃないか、というイメージはあった」。そして徐々に、後藤健生の解説スタンスは確立されていった。

「スタジアムで観ている時は、すごく集中して試合を観ている。それでも、22人の選手が真剣にいろんなことを考えながらやっていることを、すべてキャッチすることはできないよね。さらに、テレビは見える範囲が限られるから、その分だけ情報も少なくなる。それをいかに補うかが解説の醍醐味だと思う」

さらに、テレビ観戦時は、サッカーの試合以外の様々な情報が視聴者の目や耳に入ってくるため、集中して試合を観戦しにくいという環境的な制約もある。解説者とは、そのような状況にある視聴者が試合に集中できる環境を補完する存在だと、後藤氏は考えている。要するに、必要なことは解説するが、必要ではないタイミングで必要以上のことをしゃべれば、それは視聴者の邪魔になるだけなのだと。

学生時代には、フジテレビで放送された『クイズグランプリ』に優勝するなど「クイズ王」として鳴らした異色の経歴を持つ。大学院では政治学を修め、ジャーナリストとしても数多くの国を取材してきた。そのようなバックボーンを持つ後藤氏には、各国のサッカー事情や歴史、文化などを語ることが期待されるが、「必要以上にしゃべらない」というモットーは忘れない。

「試合の背景的な情報は、試合前やハーフタイムに話すようにしているし、選手についての情報もプレーが途切れた時に言う。試合が流れている時は、そういう話は極力しないようにしているよ。それは、解説の仕事を始めた最初のころから思っていた」

ジャーナリスト解説者への逆風

それでも当時は、選手として競技レベルでプレーしたことがなく、監督の経験もない叩き上げのサッカージャーナリストが、試合の解説をすることは異例だった。衛星放送の普及で多チャンネル化が進み、サッカーコンテンツが大幅に拡大されるまで、限られた解説者の枠が「サッカー経験者」で占められていたのは当然のことだろう。

スカパー!の登場を機に、後藤氏をはじめとするジャーナリストにも解説者としての活躍の場が広がるわけだが、「どうして、元選手や監督ではなく、ジャーナリストが解説するんだ?」という、厳しい見方がなかったわけではない。そのような〝逆風〟を、後藤氏はどのように感じていたのだろうか?

「何か胡散《うさん》臭いな、という視線は誰からも感じたよ。だからそれがどの辺で、元選手や監督経験を持つ解説者に仲間と思ってもらえるか、というのは面白かった。この仕事をやっていて良かったことの1つは、彼らが我々のことを『こっち側の人』だと思ってくれるようになったこと。でもそこまで行くには座談会や解説などで何度か一緒に仕事をして、信用してもらう必要があったね」

後藤健生といえば、スカパー！でおなじみの解説者だが、彼がプロサッカー経験者ではなくジャーナリストであるという認識は、視聴者も持っているだろう。では、ジャーナリストの強みとはどういったものだろうか。得意分野や視点の違いはあるが、共通するのは事前に調査・分析した情報を、試合解説の中に盛り込んでいけることであると、筆者は自身の経験から考えている。

もちろん、特定のリーグを継続的に取材しているジャーナリストは、現地の最新情報や、出場した日本人選手のコメント紹介など、取材で仕入れた独自の情報を生かすことで、解説の視点の差別化をはかることができる。言い換えれば、そういったスペシャリティがあるからこそ、ジャーナリスト解説者として呼ばれているわけだ。

後藤氏の場合はどうか。もちろん後藤氏にも、現場の取材経験をダイレクトに発揮するケースはある。しかしその真骨頂は、生涯で5000以上の試合を現場で取材し、その経験に裏打ちされた幅広い対応力にある。彼が長きにわたりスカパー！の解説者を務めているのは、元選手の視点と角度を異にする俯瞰的、客観的なコトバを視聴者に届けることができるためだろう。

「書く」と「しゃべる」の違い

読者か、あるいは視聴者かというターゲットの違いこそあれ、書く仕事もしゃべる仕事も「サッカーを伝える」という部分では共通している。どちらも、試合を観察し、勝負のポイントや監督の采配、ピッチの上で起こった現象の解釈をコトバに変えて伝えていくわけだ。ただし、記事を書くために観る場合と、解説するために観る場合とでは、試合の見え方はまったく違うと後藤氏は言う。

「書く仕事としゃべる仕事で違うのはタイミングだよね。そこが一番難しいところ。書く仕事では、試合が終わって結果が出て、なぜこうなったのかを書けばいい。でも、解説の仕事は、結果がどうなるのかがわからない中でしゃべる。それは時間との勝負だし、書く仕事とは全然違うところだね」

後藤氏によれば、解説のために試合を観る作業は、どちらかというと選手や監督の視点に近い。試合を観察しながら何をいつ解説するのか。その判断にはコトバの瞬発力が求められる。試合の結果を知ったうえで、必要であればミックスゾーン（選手から試合後の談話を取るエリア）で選手自身に確認し、環境によっては映像を見直すことのできるジャーナリストの仕事と解説者の仕事は、似ているようでまったく違う部分がある。

「例えば、右サイドの守備がおかしいなと思うじゃない。たまたま今の場面がそうなのか、何か原因があるのか、もうちょっと観ないと言えないなと思っていたら、そこからやられて点が入っちゃったというケース。『言おうと思っていた』なんて恥ずかしくて言えないから、そうなると結局、考えていたことが無駄になっちゃうでしょ」

見識を持って試合を観ていれば、色々なことに気が付くものだ。時にはメインの試合展開とは関係ない情報が入ってくることもある。それを視聴者にわかりやすく知らせることも解説者の大切な役割の1つである。だが、それを伝えるタイミングを誤れば、視聴者の観戦の妨げになってしまう。

「あんまり早く関係のないことを言って、視聴者の意識を変な方向に向けてしまうのは良くない」と語る後藤氏は、何をどの段階で言うべきか、この問題とこの問題では、どちらを先に言うべきか、などと考えをめぐらせ、絶え間なく試行錯誤しながら解説をしているという。

筆者にも思い当たる節がある。トップレベルでのプレーや指導の経験がないジャーナリストがサッカー中継の解説をする場合に最も苦労することは、試合展開の潮目を同時進行で伝えることだ。観戦者の立場やこれまでの取材から推測して考えを言うことはできる。しかし、監督が選手交代を行う意図とも関連するが、数多くの試合を観戦し、数多くの監督の話を聞いてきた後藤氏も、現場で監督の経験をしている解説者の方にアドバンテージがあることを認める。

「この問題を本気で考えたのは、しゃべるようになってからだから。あの時に余計なこと言っちゃったなとか、言いたいと思ったのに言えなかったな、という反省を解説者は生かしていくしかないよね。以前、『(解説の仕事は)実際に試合で監督をやっている感覚に近そうだけど、どう思う？』と**三浦俊也**(サッカー解説者。大宮や神戸などの監督を経験)さんに聞いたことがあるんだ。そうしたら『でも監督をやる方がずっと面白いよ。後藤さんもやってみれば？』と言われたね。確かに、監督経験は解説者にとって大きなプラスになるだろうね」

ジャン・ミシェル・ラルケのコトバ

選手や監督の経験があってても「しゃべれない人はしゃべれないし、経験があってもしっかり勉強していなければできない」と後藤氏は断言する。解説の仕事を始めたばかりの1999年には、雑誌の取材のためフランスを訪れ、60年代のサンテティエンヌの元選手であり『オンズ・モンディアル』誌の編集長だった**ジャン・ミシェル・ラルケ**氏に会い、「解説者の仕事にとって、元選手の経験は重要なものか？」と尋ねた。すると、こんなコトバが返ってきたという。

「勉強さえすれば、書くことは誰にでも大差なくできる。だが、解説の仕事は、選手経験者が絶対に有利だ」

その当時、解説者の仕事を始めたばかりの後藤氏は、その意味を深く理解できなかったという。しかし、解説者業の経験を深めていくたびに、後藤氏は何度もラルケのコトバに立ち返っていった。「やっていくたびに、そうだよなと。テレビで解説を聞いていればわかる通り、元選手でもダメな人はダメだよ。でも、やっぱりアドバンテージは元選手の方にあるんだ。それを認識したうえで、ジャーナリストなりに何を伝えていけるかだよね」

ビッグクラブ同士の対戦であれば、勝負の潮目や選手のプレーのディテールにフォーカスして語ることができる元指導者や元選手が、解説を任されるケースが多いだろう。実際に、後藤氏はスカパー！が放映する欧州チャンピオンズリーグの解説陣にも加わっているが、比較的マイナーなリーグのクラブの試合を担当することが多い。それは海外の取材経験が豊富で、ピッチ外の歴史や文化にも明るいからだろう。ただ、そのことを後藤氏に問うと、「どうかなあ」と首をひねった。

「ジャーナリストだからアゼルバイジャンの試合をしゃべれるかといえば、そんなことはないよ。『映像はありますか？』と聞くと、『ありません』と返ってくる。映像があったとしても、2年前の試合でした、ということもよくあるんだ。逆に、元選手の解説者でも、事前情報なしにゲームを観る場合には、初めの5分で勘所をつかんで、そのチームがどんなサッカーをやろうとしているのかをしゃべらなければならない。それは別に、ジャーナリストも元選手も関係ないんじゃないかな」

もっとも、元選手の中にも熱心な勉強家は多いが、ジャーナリストとして海外にまで取材に出向く元選手の識者は少ない。その点から言えば、これまで80カ国以上を渡り歩き、現地の空気に直に触れてきたジャーナリストは、解説を通して現地の温度を視聴者に伝えやすい。

「現地の知識はたくさんあった方がいい。例えばルビン・カザンの試合を解説していると、モニターに映るバックスタンドの後ろに、クレムリンが映るんだよね。そうすると『カザンのクレムリンが…』と話す。画面に映らなければ、そんな話はしないわけだけど、何が映っても頭の中の引き出しから取り出せるようにしておくことが大事だよ。そういうのは確かに元選手の解説者が言うことは少ないな」

わかりやすい事例を紹介しよう。2001年から2013年にわたってルビン・カザンの指揮を執り、欧州チャンピオンズリーグでもチームを躍進させた、グルバン・ベルディエフという監督がいた。彼は、テクニカルエリアでいつも数珠を持っていたのだが、それは彼の母国トルクメニスタンが、モンゴル・トルコ系のイスラム教国であり、彼自身も篤い信仰心を持っているためだった。そのような文化的な背景を、必要に応じて視聴者に伝えることができるのも、後藤氏の強みだ。

中村俊輔が所属していたセルティックがスコットランドリーグで優勝を果たした時には、こんな出来事もあった。試合終了後に、トロフィーがヘリコプターでスタジアムまで運ばれてくるのを待たなければならず、1時間ほどの空白時間が発生したのである。その時、日本のスタジオで解説を担当していたのが後藤氏だった。後藤氏は、スコットランドサッカーの歴史やサッカーが発明された経緯、そこからいかにして日本にサッカーが伝わったかといったことを語り、どうにか場をつないだのだという。

「あとは、画面が落ちちゃった時とかね。そういう時に色んな知識を持っていると助かるだろうね。とりあえず、10分くらいは何かをしゃべってつなげられるようにしておきたい。例えば、イタリアのペスカーラには、ローマからアドリア海岸沿いに行って鉄道を乗り換えるとか。そんなことを言って何とかつながないとね」

ジャーナリスト解説者の腕の見せ所

もちろん、後藤氏はマニアックなカードだけでなく、有名クラブの対戦カードを解説することもある。そんな時も解説の基本スタンスは変えない。

「プレーの話だけで済むなら一番いいと思うし、一番いいのは解説なんて必要がない試合だね。解説者が口を挟む暇もないくらいに、いいプレーが次々とあって、実況者が選手名を言うだけで、ハラハラ・ドキドキが90分続くようなね。何にもしゃべらないわけにはいかないので邪魔にならない程度にはしゃべるけど」

どれほど流れが良く、白熱した試合であっても、補足的な解説は求められるわけだが、「そうじゃなくなっちゃった場合にどうするか。そこが解説者の腕の見せ所」と、後藤氏は言う。

「最悪なのは映像が落ちた場合、次につらいのは悪天候で中断したような場合、それ以外にも、あまりに一方的な試合になってしまった場合は別の話でつながざるをえない。そういう時に文化や歴史の知識、現地での経験は生きてくるよね」

逆に、白熱した試合であっても、機を見て挟まれる後藤氏のコトバによって視聴者は、サッカーの知識を深めることができるだろう。サッカー界の多様な出来事に関して、テレビの報道番組や週刊誌などからも意見を求められる後藤氏ならではの仕事だ。例えば、試合の勝敗により順位の変動が起こる場合、シーズンの中でどういう影響があるのかなど、大会やリーグのレギュレーションに関わる発言が求められる場合も、自身の頭の引き出しから的確な説明を取り出すことができる。

また、試合観戦経験が豊富であるため、例えば、一方のチームが早い時間帯に続けて失点した場合、過去にこのような逆転劇があったのでリードしている側も油断できない、といった事例を引き出せば、元選手や監督の経験則ともまた違った説得力を出すこともできる。それは日本サッカーの〝生き字引〟である後藤氏のスペシャリティだ。

もちろんイタリアのセリエAに強いジャーナリストであれば、昇格クラブがシーズン開幕から好調であった場合に、過去に同じように勝ち点を重ねたクラブがあったが、後半戦では大きく順位を落とした、といった事例から、そのクラブの状況を視聴者に伝えることができる。そのようなデータは、いわゆる「データマン」や「ブレーン」と呼ばれる裏方のスタッフが、事前に用意することもあるが、彼らにいちいち頼らなくても、豊富な取材経験や事前の情報収集をベースとするジャーナリストの強みを出しやすい部分だ。その中でも、知識の引き出しが特定の国やリーグに偏らず、必要に応じて取り出すことができるのが、後藤氏の特徴でもある。

いつも心に八塚さんを

後藤氏によれば、解説の仕事と記事を書く仕事では、試合の観かたが異なるという。しかし、解説者として試合を観る経験は、ジャーナリストとしての取材や記事の執筆にも大いに役に立つ。それは「集中力がグッと高くなる」ためだ。緊張感をもって観ることは基本だが、解説の仕事は、瞬間的に的確なことをしゃべらなければならないため、一瞬たりともシーンを逃さないように観る必要がある。それも、実況者の質問に答えるタイミングが割り込むため、「観る」と「しゃべる」で頭は常にフル稼働させることになる。あるいはそこには、1つのミスが命取りになる選手の心境に通じるものがあるかもしれない。

「いきなり実況者がとんでもない質問を振ってくることがあるよね。例えば、『○○選手いかがでしたか？』といった具合だね。別に八塚さんの声を真似しているわけじゃないけど（笑）。『そんなに活躍してない選手のことを聞かないでよ』と思うけど、普段スタンドで試合を観ている時も、「ここで何か聞かれるかもしれないな」と思って観ていると集中力が高まる。そういう目で観るのは1つの訓練になるね」

だが、スカパー！の解説よりも、大変なのは地上波での解説だと後藤氏は言う。

「地上波は、サッカーを全然知らない人も観ているから、やっぱり**松木安太郎**さんの芸風にはなるよね。昔、故**岡野俊一郎**さんが解説者をやっていた頃なんて、海外サッカーなんて観たことない人を相手に、サッカーの基礎知識からしゃべらなきゃいけない状況だったと思うから。だからスカパー！で、『この試合を観てる人はマニアしかいないだろう』という試合をしゃべるのは、ある意味ではやりやすいんだ」

一口にジャーナリストといってもスタイルは様々だが、後藤氏はミックスゾーンで選手を囲むより、記者会見での監督との質疑応答のやり取りを、レポートに生かすタイプだ。それは記事を補強するためのものだが、解説者としての仕事にも大いに生かされる。

「僕が監督に質問しているのは、半分は解説の仕事のためにやっているんだよ。例えば、自分が解説をしている試合で、監督が選手を交代させたとする。その時には、『的確だ』とか、『早すぎるんじゃないか』とか、そういったことを話すよね。その時、自分が考えたこととの整合性を、監督への質問を通して確かめているんだ」

観えないものを想像する

テレビで試合を観るサッカーファンに役立つ観戦法を教えてほしい、と後藤氏に問いかけると「テレビの範囲で見えるところから、補うのが面白い」という答えが返ってきた。

「テレビ画面の外側で何が起こっているかを、想像できると面白いよね。それは想像にすぎないから当たっていないかもしれないけど、左サイドはたぶんこうなっているだろうなとか、試合をたくさん観ているとある程度わかるよね。そこから選手が画面に顔を出してきて、チャンスやゴールが生まれるとか。それが当たっているか外れているかは別として、そういうことを自分なりに考えながら、映像の外でどうなっているだろうなと考えながら観るのは面白いよね」

「何が面白いかなんて人それぞれ」と前置きしながら「僕みたいな思考の人だったら全体がどうなっているのか想像しながら観るのが面白い」と言う後藤氏は、自分がしゃべる時もそのような視点でサッカーを観る人の助けになるようなことを言ってあげたいという。

豊富な観戦経験をベースとする冷静かつ俯瞰的なコトバに定評のある後藤氏だが、訪れたことがある場所の空気感を伝えられるのは、ジャーナリストの解説者ならでは。特に普段あまり観ることができない国や地域に関しては、環境や気候などを肌で感じた経験の有無が、解説の幅を生むことになる。サンプルが多ければ、それだけ解説時の引き出しが増えるためだ。

「伊達に86カ国も行っていないからね。例えば、3月の中東は太陽がどれぐらいキツいだろうな、といった想像ができる。ほとんどの季節で行ったことがあるから、実感として言えるよね」

これまで解説をしていて、なぜか**マルチェロ・リッピ**監督（イタリア代表やユベントスなどの指揮を執った名将）と気が合うのだと後藤氏は笑う。『ここでこういう交代をした方がいいんじゃないですかね』と僕が言うと、わりとその通りになるんだ」

幅広い知識を身に付け、担当するカードに応じた引き出しを作る準備を怠らない一方、視聴者の観戦の邪魔をせず、解説によってサッカーのエッセンスを加えていく後藤氏のスタンスは、これからも変わることはない。それは、ジャーナリストや解説者である前に、心からサッカーを楽しむ1人のファンであることの自負だろう。

★後藤健生のコトバ

- 歴史や文化的な背景を知ると観戦の味わいが増す
- 「解説」することを意識して観ると、集中力がグッと高まる
- テレビの画面の外側で起こっていることを想像しながら観ると面白くなる

第6章

試合後の「コトバ」がサッカーを進化させる

★中西哲生の場合★

中西哲生（なかにし・てつお）

1992年名古屋に入団。1995年には、アーセン・ベンゲル監督の下、天皇杯を獲得。1997年に川崎Fに移籍し、1999年には主将として、チームのJ2優勝・J1昇格に貢献する。現役引退後は、スポーツジャーナリストとして活動を開始し、テレビ・ラジオでコメンテーターを務める。現在は選手のパーソナルコーチとしても活動中。主な著書に、『ベンゲル・ノート』（幻冬舎、共著）、『日本代表がW杯で優勝する日』（朝日新聞出版）がある。テレビでは『サンデーモーニング』（TBS）、『Get Sports』（テレビ朝日）などのコメンテーターとして活躍。ラジオ『中西哲生のクロノス』（TOKYO FM）ではメインパーソナリティーを務める。

【選手歴】1992〜1996年 名古屋／ 1997〜2000年 川崎フロンターレ

サッカーの解説には大きく分けて2つの種類がある。1つは、90分の試合をリアルタイムで解説する形式（第3章の**都並敏史**氏の解説を参照）。そしてもう1つが、試合後の報道番組のスポーツコーナーや特別番組などで解説する形式だ。サッカーを分析的に解説するという共通点はあるものの、両者に要求される視点は、実のところかなり異なっている。

いわゆる「ニュース解説」の第一線で活躍する解説者の1人が、**中西哲生**氏だ。報道番組のニュースコーナーや『Get Sports』（テレビ朝日）などのスポーツドキュメンタリー番組で、硬軟織り交ぜたテーマを通して選手のプレーをわかりやすく解説するのが、中西氏の真骨頂だ。

中西氏は、自らを「サッカー解説者」ではなく、「スポーツジャーナリスト」と呼んでいる。現役引退の翌年から「スポーツジャーナリスト」としての活動を開始し、スポーツ誌『Sports Graphic Number』（文藝春秋、以下、「Number」）にコラムを寄稿。元サッカー選手が記事を書くという手法は、非常に画期的だった。２００2年には、現役時代の恩師でもあるアーセナルのアーセン・ベンゲル監督の指導法やサッカー観を綴った書籍『ベンゲル・ノート』（幻冬舎）を発表し、大きな話題を呼んだ。

インタビューの冒頭、中西氏は次のように語り始めた。

「元日本代表ではない選手経験者が解説者をやるにはどうするべきか。そう考えて『スポーツジャーナリスト』という肩書きを選びました」

中西氏のコトバから、その意味を探っていこう。

サッカーを伝える「翻訳者」であること

――中西さんは報道番組のスポーツコーナーでの解説はもちろん、ラジオ番組のMCなどでも活躍されています。さらに記事も書かれますね。それも、しゃべった内容をライターが構成するのではなく、ご自身で書かれていると聞きます。どのような経緯で、現在の活動の形に至ったのでしょうか？

まず、僕にはスポーツだけでなくオールジャンルのMCをやりたいという目標がありました。報道番組から、もしかしたらクイズ番組までやれるような司会者になりたいという。そこに行くためには「サッカー解説者」の肩書きでは難しいと思っていましたし、サッカーの分野で進化するためにはより幅広くスポーツを観た方がいい。最初からサッカーを解説するというよりは、サッカーをうまく伝える「翻訳者」になりたい、というイメージを持っていたんです。

――中西さんがMCをされているTOKYO FMの『クロノス』という番組で、スポーツだけでなく様々なジャンルのテーマが取り上げられているのは、そういった背景があるのですね。

はい。幅広いスポーツの分野で、何かを提言していくことは、自分自身にハードルを課す作業でもあります。でも、僕は提言のないところに進化はないと思っていて、この「見解＋提言」という形が、最も自分にフィットするスタイルだったんです。

それにスポーツ解説者には元名選手が多く、僕のように現役時代の実績があまりない人間は少数派でした。つまり、僕には〝太鼓判〟がなかったんですね。だから「すごい」なら「何がすごいのか」を論理的かつ建設的に話さなければなりませんでした。そして試合の分析結果や見解を語るだけでなく、どうするべきかを提言すること。それが自分の仕事の柱です。

――確かに、当時はCSでJリーグ全試合を中継するような時代ではありませんでしたし、解説者は元代表選手か指導者として名前がある人ばかりでした。そこに中西さんが出てきて、

しかも記事まで書くというスタイルには驚かされました。なぜ記事を書き始めたのですか?

サッカーを論理的に語るためですね。きっかけとしては**ベンゲル**監督と出会って、「サッカーとは論理的に伝えることが可能なスポーツである」ということを学んだからです。その当時、僕はまだ現役でしたが、ベンゲルの指導法にヒントを得ながら、いかにサッカーを論理的に語るかと考えた時に、たどり着いたのが文章を書くことでした。

――それが「ジャーナリスト中西哲生」の形成につながったわけですね。

僕はもともと、書くことが大の苦手でした。原稿用紙2枚がノルマの読書感想文も、2枚目の1行目までしか書けないタイプ。でも「書かなければ始まらない」という思いもあって自分のブログから始まり、川崎フロンターレへの移籍後は、キャプテンを任されたことなどもあって、ホームページのコラムの執筆を引き受けました。

その当時も現役選手が「この試合のゲームプランはこう。実際にはこうなった」と書いている例は他にはありませんでした。それが『魂の叫び―J2聖戦記』(幻冬舎)として、本の形になりました。やってみてわかったのが、書くと頭の中が整理されるということです。

それからすぐに『Number』から執筆のお誘いをいただき、迷わず引き受けることにしました。今も僕は月2回、朝日新聞のデジタル版でコラムを書いていますが、書く作業とは、頭の中を整理して論理を定着していく作業です。話すことと書くことは、どちらもすごく大事だと考えています。

名古屋でプレーしていた時、中西氏は、その後のサッカー人生に大きな影響を与えるアーセン・ベンゲル監督に出会った。ベンゲル監督は、1995年から1996年9月まで名古屋を率い、現在はプレミアリーグを代表する監督の1人として知られている。

ベンゲル監督の対話的で論理的な指導法からインスピレーションを得た中西氏は、2000年に現役を引退すると単身イングランドに赴き、アーセナルの「ボス」となったベンゲル監督の下、あらためてそのサッカー哲学に触れることになる。その成果が2002年に出版され、大きな話題を集めた『ベンゲル・ノート』だ。ベンゲル監督から中西氏が受けた影響とは、どのようなものだったのか？

ベンゲル監督との出会い

――中西さんが現役時代に在籍した名古屋や川崎Fには、周りにいい選手が多くいて、中西さんは、コーチングで周りの選手を生かすタイプの選手だったと記憶しています。ピッチで他の選手を観察して感じたことが、中西さんのサッカー観を育んだのでしょうか？

それはその通りですね。僕のサッカー観は、観察に尽きます。僕は現役生活の中でゴールキーパー以外はすべてのポジションを経験しましたが、基本的に守備の選手なので、ボールを持っているより、相手がボールを持っている時にどうするかを考える時間が長い。90分の試合の中で、自分がボールを持つのが2分間だとすると、残りの88分間をどうするのか？ といったことを考えていました。

――なるほど。

また、**ベンゲル**や**ストイコビッチ**、**リネカー**といった世界のトップと関われたことも大きかった。そして、現役引退後に中村俊輔選手や遠藤保仁選手、中村憲剛選手に出会いました。この3人とは、インタビューを通して多くの時間、話をしました。引退後に彼らから学んだことも非常に大きなプラスになりました。

——ベンゲル監督といえば、中西さんはアーセナルで研修されましたよね。

はい。今では信じられないことですが、アーセナルの選手たちと一緒に練習していましたからね（笑）。2001年の1月からかな。フランスがワールドカップに続いて、EUROでも優勝してバリバリの頃です。ヴィエラがいて、ピレスがいて、アンリがいて、ヴィルトールがいる。あとはイングランド代表のキーオンやカメルーン代表のローレン、ブラジル代表のジウベルト・シウバ、エドゥもいたんですよ。練習では、人数が足りなくなることがあるのですが、そういう時に「中西、入ってくれ」と言われることがよくあったんです。当時のメンバーと一緒に練習して「ああ、世界レベルの選手ってこういう感じなんだ」というのがわかりました。ベンゲルやストイコビッチに言われていたことが、その時に肌感覚で入ってきましたね。

――それはすごいですね。

その時に、衝撃を受けたのが「間合い」です。それはもう、日本人とはまったく違っていました。1対1で対峙した時に、アンリの体には触ることさえできません。抜かれる抜かれないではなく、触れないんですよ。間合いが遠くて、仕掛けるポイントも早くて、風のように通り過ぎて行く感覚ですね。

日本代表がサンドニでフランス代表に0－5で敗れた試合（2001年3月・国際親善試合）を覚えていますか？ あの時は、日本の選手は濡れた芝生に足を取られて苦しみましたよね。その試合を観て、「ああこうなるよな」とわかったんです。

――なぜですか？

アーセナルの練習グラウンドはとにかくツルツル滑ります。取替式のスパイクでも、固定式のスパイクでも、滑る選手は滑るし、滑らない選手は滑らない。「立ち方や走り方、蹴り方といった全部が違うんだ」ということが、その時わかったんです。

一流選手は、一見すると日本の選手と同じことをやっているように見えますが、実際にはまったく違います。その思いを深めたのが、WOWOWのリーガ・エスパニョーラ中継番組の中に設けていただいた「Tetsuo' Note」というコーナーです。このコーナーでは1つのプレーに着目して分析する、ということをしていました。

——覚えています。興味深く拝見していました。

あのコーナーには、視聴者のみなさんにマニアックなテーマを伝えたいということだけではなく、世界のトップ選手の分析を通して、ボールを止める、蹴るといったフォームを自分自身が見直したかった、という思いがありました。映像を使う時には、ノーマルスピードから半分のスピードに落とし、さらにゆっくり見ていくと、ある一点で一番わかりやすくなるスピードがあるんです。超スーパースローみたいな感じですね。それを見つけてから、海外の一流選手の動きのディテールがよくわかるようになりました。すると、いくつかの動きが日本人選手とはまったく違うということに気付き始めたんです。

中西氏が、WOWOWでリーガ・エスパニョーラ放送のナビゲーターを担当していた当時、ハーフタイム企画として放送された「Tetsuo' Note」は、その後の中西氏のスポーツジャーナリストとしての飛躍につながるものとなった。一般視聴者に向けた地上波の番組においても、1つのテーマを切り取り、ディテールにこだわり抜く中西氏のスタンスは、大きく変わることはない。

それでいて、中西氏の分析が、現役プレーヤーから一般のファンにまで幅広く支持される理由は、必要に応じてテーマを切る取る着眼点と、圧倒的なコトバの説得力だ。普段サッカーを観ない層まで引き込んでしまう中西氏の解説には、どのようなビジョンやこだわりがあるのだろうか。

深くても〝わかる〟解説の仕掛け

――中西さんの解説を観ていて興味深いのは、地上波で放送される一般視聴者向けの番組だからといって、特にテーマのレベルを下げているようには見えないところです。でも、わかりや

すい。そのあたりはどのように考えながら、解説されているのでしょうか？

現在、僕が一番噛み砕いて解説しようとしているのが、日本テレビの報道番組『news every.』です。あの番組の視聴者は主婦の方が多く、しかも枠が3分か5分しかありません。その中で、どうやればみなさんにわかりやすく伝わるかと考えるのですが、役に立っているのが、映像の編集経験です。

テレビというものは、とにかく時間が限られるメディアです。それを逆手にとって最大限に生かしたのが、スロー解説。プレー映像が流れているところに「この人を見てください」と○を付けて、視聴者にはその選手だけを追ってもらって、「キックの時のカカトを見てください」とコトバを付け加えたら、一般の視聴者にも、選手の体の使い方がわかるようになりますよね。

――確かにそうですね。

そこで、「実は普段はこういう動きではないんですよ」と見せれば、さらに良くなる。映像にコトバを加えることで、観る人がよりわかりやすくなるんですね。それを始めたのが、『ズームイン!! SUPER』(日本テレビ)、『NEWS 23』(TBS)、さらに『Get Sports』(テレビ朝日)でした。それが今、もっと高いクオリティーで『news every.』や現在も続けている『Get Sports』で発揮できるようになりました。

僕が、映像をスローにしてプレーの解説をやり始めた時は、おそらく他には誰もやっていなかったと記憶しています。テレビの短い尺の中でスローの映像を見せることで、視聴者に納得してもらうこの手法は、今でこそスタンダードになりましたが、当時は◯を1つ付けるのさえ大変でしたからね。「その◯、あと5センチ右にずらして」とか(笑)。

――なるほど。

映像の編集の手伝いをしている時には、常に自分がしゃべることを想定しています。いい準備ができた時はいい話ができる。いい準備ができている時はいいプレーができるのと一緒です。僕は試合前のオフザピッチを大事にしていたので、それはジャーナリストになっても変わりません。ただ、『サンデーモーニング』(TBS)で**張本勲**さんに突っ込まれた時には、アドリブも必要です(笑)。基本的に台本がない番組ですから。とはいえ、真逆なことを聞かれたとしても、切り返す準備はできいます。相手がこうきたら、こう切り返すという準備をして臨んでいますので。

——そういった準備があるからこそ、番組での柔軟なやり取りが生まれるわけですね。中西さんはプレーの局面を切り取った解説に定評がありますが、もちろん試合の全体論を語らなければならないコーナーもありますよね。試合の采配や流れを語る時には、どんな点に気を配っていますか？

それを解説する時、僕は「0-0の時間帯」を大事にしています。サッカーは、先制点を取るまでがすごく難しいスポーツです。これは実際データに出ているのでわかりやすいのですが、過去5回のワールドカップで、日本代表が奪った同点ゴールは2つだけ。つまり、ワールドカップで同点ゴールを取るということは非常に難しく、逆に先制したチームは圧倒的に有利ということです。

——高いレベルになるほどそういう傾向が強いかもしれません。

それと同時に、勝ち越すことも、逆転することも難しい。僕はEUROでそういったことに関するオリジナルのデータを収集しています。レベルが高く、コンパクトなレギュレーションのEUROは、最も顕著に傾向が出やすい大会なんですね。EUROでゴールに至るまでのデータを集めながら、共通点を見極めていくんです。その時は、必ず「試合の潮目」がどこかを見ます。もちろん小さな潮目というものがいくつもありますから、視聴者も迷いますよね。だから、一番大きな潮目を探します。

中西氏がデータを収集するEUROは、代表チームの欧州王者を決める大会だ。大会の規模こそワールドカップよりもコンパクトだが、出場国の実力差が小さく、グループリーグからハイレベルな接戦が繰り広げられる。中西氏は、試合のゴールなどのデータを独自の方法で分類し、統計を取っているという。そこから浮かび上がってくるのはどのようなものだろうか。

結果を知らずに観る

——技術のディテールやビジョンを突き詰める一方で、統計も重視されているわけですね。

ええ。統計は、すごく大事ですね。EUROのデータが一番信用できるのは、出場国の実力が拮抗しているためです。シュートのゾーンも自分でエリア分けをしてあります。相手のマークの状態や、切り返しなど、シュートに至るまでのプレー。先制ゴールなのか、同点ゴールなのか。流れの中なのか、セットプレーなのか。シュートを打った選手が、いつ、どこで、どういう選択をしたかですね。このデータは、現役の選手にもフィードバックしているんです。ポイントは、シュートの質ですよね。どういうシュートが入っているのかを押さえたうえで、プレーの参考にしてもらいたいと思っています。

――シュートのエリアに関してはどうですか？

ゴール前を8つのエリアに分けてカテゴライズしています。どこからどのエリアに移動しているかとか、どこからどういうパスが通りやすいかといった点に関しても、いくつか項目を加えています。

――そうしたデータを細かく取りながらプレーを分析するわけですね。中西さんの解説を聞いて圧倒されるのは、何と言ってもその引き出しの多さですよね。

自信ありますよ、引き出しの多さは（笑）。僕は選手との長い付き合いの中で、自分が試合を観て分析した内容を、直接彼らにぶつけて答え合わせをします。試合後、中村憲剛選手に「あれ狙ったでしょ？」と聞くと「もちろん」と返ってくる感じですね。そういった確認作業を丁寧に行うことで解説の整合性が増してくるとも思います。今日の試合を、数日後に解説する場合は、ストレートにボンと言うんじゃなくて、必ず裏取りされた確実性のある情報を入れる。速報性が問われない時には、そういった手法が有効ですから。

――試合から情報を収集するうえで、大事なポイントは何ですか？

試合を観る前に大切なことは、結果を知らずに観る、ということです。結果を知ったうえで観るのか、点が入るかわからない中で観るのか。それによって、見え方や感じ方がまったく変わってきますから。

――報道番組のスポーツコーナーでの解説でも、後出しにならないということですね。

そうそう。どうしてもリアルタイムで観られない場合でも、僕は必ず結果を知らずに観るようにしています。傾向と対策をしていくうえでは1点目、つまり0-0から1-0になる瞬間までが一番大事ですから。

――「0-0の時間帯」を重視することとも関連するわけですね。

例えば「2点差はひっくり返されやすい」といったことは、多くの人が言いますよね。2点差がひっくり返されることは、可能性としては当然あるわけですが、統計的に見ると、それは多くないケースなんですね。そのように〝雰囲気〟で思い込んでしまっているところは、きちんとデータ化して捉え直すことが必要です。

僕はそういう曖昧な言葉を「マジックワード」と呼んでいます。「シュートは打たなきゃ入らない」というのもありますね。いやいや、そこは無理に打たなくてもいいでしょ、と。そういう「マジックワード」を排除して、生きたデータを収集して、選手のプレーを言語化することが、解説するうえでも大事なんです。

――試合の潮目に大きく関係するのが監督の選手交代ですよね。その意図や効果をどのように観察して、解説に使うようにしていますか？

カードの切り方に関しては**ベンゲル**監督がすごかったですから。実際に僕も、自分自身が「交代カード」として切られた経験から、非常にいいヒントをもらっています。交代カードを3枚切る前提で14枚を使う、というところにもっとフォーカスしたいと思っているんですね。すごいカードの切り方をする監督もいますから。例えば、前半35分くらいで切る監督とか。でも、その時はたぶん、選手に対してそれなりのケアはしているはずなんです。

――その時間帯に代えられたら、選手も当然傷つきますよね。

そうなんです。でも、ベンゲル監督の凄みは、起用の意図の伝え方にありました。そのいい例が、僕が名古屋に在籍していた１９９５年の鹿島戦です。この試合で僕は右サイドハーフで先発起用されました。僕は本来ボランチですし、テクニックも高いわけではありません。それなのに「なんで俺が？」と、ベンゲルに聞きに行ったわけです。すると「相手の左サイドバックは**相馬直樹**（現・町田ゼルビア監督）だから、そこから出てくるボールを押さえておけばいいんだ」とベンゲル監督は言います。「縦を切って、角度を減らせ。周りの選手には、相馬から出る斜めのパスとバックパスを狙うようにさせるから」と。

さらに「後半勝負だから、前半は0-0で行ければミッションコンプリートだ」と。そう言われて試合に出て、確か後半15分過ぎに代わったのかな。普通は凹むんですよ、そんな時間帯に代えられたら。でもベンチに戻るとベンゲル監督から「良かったよ」と言われて、満足感があるわけです。その後、チームが2点取って勝ったから、なおさら印象に残っている試合です。

交代選手は、すごく難しいものだと思うのですが、当時はベンゲル監督が事前にミッションを明かしてくれて、僕も気持ちよくプレーしていましたね。ベンゲル監督の交代カードは、チームが勝っていれば僕。負けていれば点取り屋の森山泰行選手。同点であればどちらも出す、といった感じで選手にも明快でした。

名古屋［4-4-2］

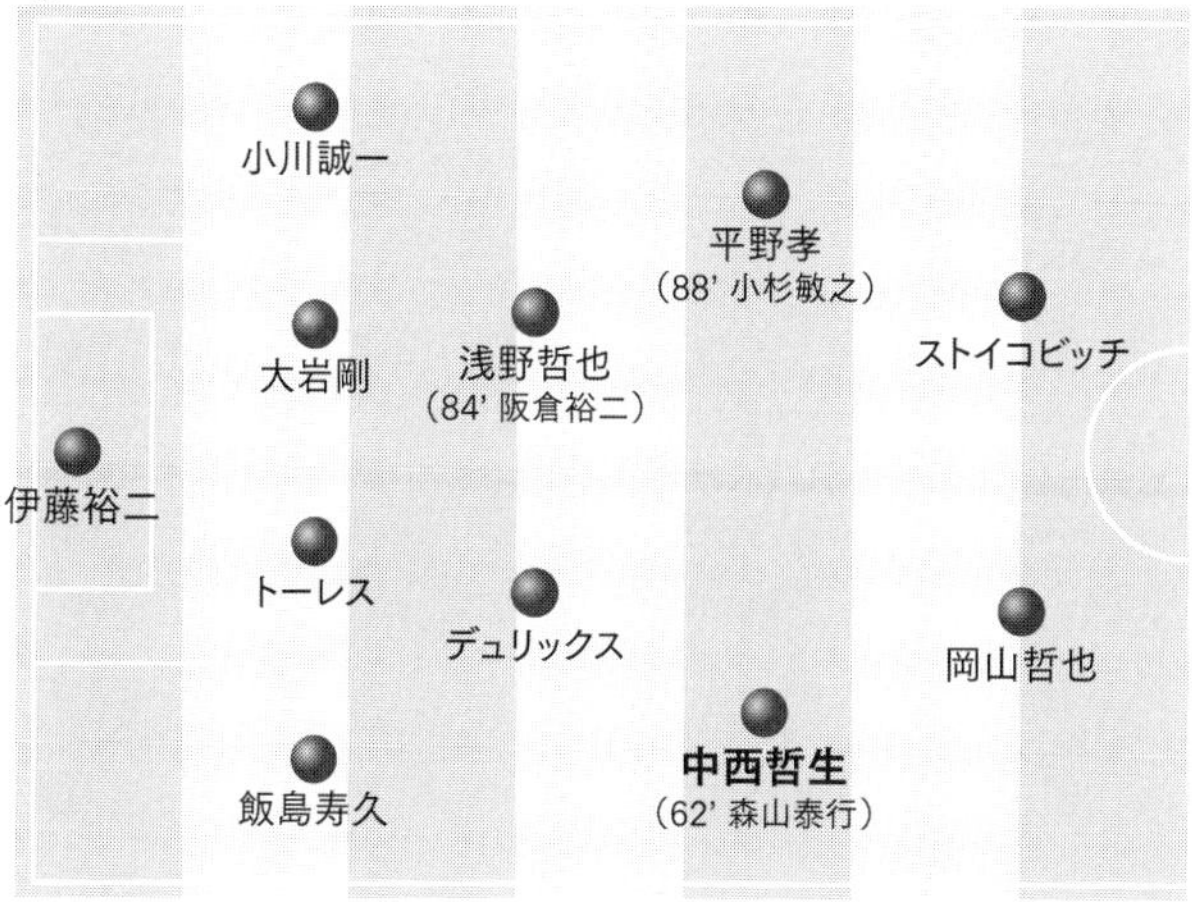

監督：アーセン・ベンゲル

攻撃方向 →

11	SH	4
7	CK	1
23	FK	12

1995 Jリーグサントリーシリーズ　第22節

名古屋グランパスエイト［2－0］鹿島アントラーズ

81′ ストイコビッチ　［得点］
84′ 森山泰行

試合概要

第10節の対戦で0–4と大敗していた鹿島との〝リベンジマッチ〟でベンゲルは、ボランチが本職の中西をサイドハーフで起用した。中西は左SBの相馬にいい形でクロスを上げさせず、62分にスーパーサブの森山との交代で退いた。名古屋は終盤にストイコビッチと森山が挙げた2ゴールで勝利した。

――解説者としては、実況者に選手交代の意図を問われて、答えなければならないシチュエーションは、意外と難しいものですよね。

交代は監督が決めていることだから、答えづらいですよね。でも、個人的にはメッセージ性のある交代が見たい、という気持ちがあります。現役時代に自分が交代選手として出場する時には、いつも「ミッション」をイメージながら試合に入って行ったからです。

現役時代にベンゲル監督の薫陶を受け、アーセナル研修で世界のレベルを体感した。その経験は、サッカージャーナリストとしての歩みを始めた中西氏の〝エンジン〟の役割を果たした。その当時から、中西氏の解説の切り口の鋭さは際立っていた。しかし、自らが切り開いた道を進んでいく中で、彼のコトバはますます洗練の度を増しているようだ。

それは日々変化していくサッカー界の中で常にアンテナを張り、現役選手との交流を通して情報をアップデートし続けてきた、中西氏の大きな成果と言えるだろう。

常にアップデートすること

――スポーツジャーナリストとしての活動は、今年で17年目ですよね。中西さんからは、常に研究して、アップデートされている感じが伝わってきます。

僕は今、選手のパーソナルコーチの仕事もしていますが、絶えず進化していかなければ、選手を指導することなどできません。選手とトレーニングする時には、何か新しいことを伝えたいと思っています。パーソナルコーチの仕事は、選手から相談を受けて、それに応じる形でスタートしたのですが、なぜ僕がこの仕事をやっているかというと、すべてが解説にフィードバックされるからなんです。常に新しいプレーがないかとアンテナを張り、アップデートしています。

――2000年当時に中西さんが語っていたことを、2017年現在の中西さんご自身が振り返るといかがですか？

それは全然違うものがいくらでもありますね。世の中は進化して行きますから、こちらはさらに進化していかなければなりません。でなければ、いつまでたっても日本はワールドカップで優勝できないじゃないですか。僕の目的は、サッカーでお金を稼ぐことではなく、ワールドカップで優勝すること。日本のワールドカップ優勝を自分の目で見るために、メディアでの提言と、選手に対する情報のフィードバックを並行してやっているわけです。

それらは分析を始めた時から両輪になっています。でも、やはりどちらの視点が欠けても今は難しいですね。選手と話さないとわからないことがありますし、選手も進化していますから。

――スポーツジャーナリストとして活動を始めたばかりのころは、「なぜ中西がこんなことを言うんだ」と言う人もいましたよね。

今でも言われていますよ。「元日本代表ではない選手が、長友佑都や久保建英に何を教えられるんだ」と。でも、これは本人たちに望まれたからこそやっていることですし、今、彼らと接することや、過去にはベンゲルと接して気付いたことが、自分が解説をする時の裏付けにもなっています。

書くことによって深く選手のコトバを引き出し、選手のコトバによってさらに解説が進化するというサイクルですね。それは絶対に止まっちゃいけない。もっといいもの、もっと素晴らしいものを伝えようと思っています。

――中西さんのコトバに耳を傾ける人は、かなり増えていますよね?

スポーツジャーナリストとして、もう16年やっているわけですからね。元日本代表ではないからこそできることがあるだろうし、技術が高い選手ではなかったからこそ、うまくできなかった理由も、できた理由も、論理的に説明するために書き続けてきたんです。

――もちろん、中西さんほどのレベルでサッカーを研究して、発信している人はなかなかいません。でも、現役時代に決してエリートではなかった中西さんが発言してくれることで、僕らジャーナリストやファンが意見を言いやすくなっている、という状況はあると思います。

それは面白い見方だと思いますが、そんなふうに言ってもらえるとありがたいですね。僕はそんなにすごい選手ではありませんでしたし、誰も行かない道を歩いているだけですから。「スポーツジャーナリスト」という立場であれば、「サッカー解説者」とはまた違うことができると思った。誰も行ったことのない道ですから、当然間違えることもありますよ。でもリスクを冒してチャレンジする気持ちを失ったら、自分は終わりだと思っています。

――どんどん切り込んで行ってもらいたいと思います。

実際、昔言っていたことと今言っていることでは、まったく違っていることもありますよ。だからこそ、選手のパーソナルコーチをやりながら、解説をやるというスタイルに辿り着いたんだと思います。自分が成長していかなければ、選手に指導なんてできません。でも、それが解説に返ってきますからね。本当は、こんなつもりじゃなかったですよ。この年齢になって、現役の選手と一緒にトレーニングするなんて。しかも、(久保)建英選手みたいな若い選手とやるなんて、思ってもみませんでした。

日本代表の長友佑都や、なでしこジャパンのエース永里優季ら海外で活躍する選手をはじめ、札幌で活躍するストライカー、都倉賢などを個人的に指導してきた中西氏。だが、指導の対象はトップの選手に限定しているわけではない。教えを求められれば、アマチュアやユースの選手を指導することも厭わない。

その中西氏がジュニア年代から指導を続けているのが久保建英だ。小学校時代には川崎Fのジュニアチームに在籍していた久保は、2011年から2015年までバルセロナの下部組織に所属。当時から〝久保くん〟の愛称でサッカーファンの期待を集めたが、クラブの事情で帰国した後もFC東京で順調に成長を続け、15歳でU-20ワールドカップのピッチに立つまでに成長した。

日本中の話題を集めた久保をパーソナルコーチとして支えてきた中西氏は、常に研究や分析を重ねながら得た最新の情報と理論を久保に伝えることにより、自身の解説にも役立てているという。そのサイクルに大きな影響を与えていたのが、中村俊輔との交流の中で得た生の情報だ。

――久保建英選手を指導するに至った経緯には、中村俊輔選手との交流が1つの起点になって

いるそうですね。

自分がアーセナルでの研修で肌身に感じたことをどう生かすべきかと考えて、編集したプレー映像を中村俊輔選手に渡すようになったのがきっかけですね。「哲生さんは色んな試合を観ているから、もし俺ができていないキックとか、新しく取り入れられそうな技術があったら教えてください」と中村俊輔選手に頼まれて、彼にＤＶＤを渡していたんです。そこから選手の１つひとつのプレーが気になり始めて、ずっと選手のプレーに着目して観るようになりました。そうした作業を継続的に続ける中で、選手に個人指導をするようになり、現在の久保建英選手のパーソナルコーチに行きついたわけです。

２０１７年４月、『Get Sports』（テレビ朝日）で2回に分けて放送された「特別企画！中村俊輔が〝徹底解説〟フリーキックの極意」で中西氏は、中村俊輔を取材した。これまでに中村俊輔が決めたスーパーなフリーキック（以下、「ＦＫ」）を本人が解説するもので、中西氏ならではのマニアックな切り口の質問に中村俊輔がゴールを決めた本人しかわからない狙いを解説するというものだ。

前編はセルティック時代にマンチェスター・ユナイテッドを相手に決めた伝説的な2つのゴールを振り返り、後編はさらに深くFKの極意を語るという番組は、サッカーファンはもちろん、選手にとっても〝永久保存版〟と言える内容だった。

――その中で中西さんは、シュートのフォームについて強調されていました。

ゴルフには「絶対に曲がらないフォーム」というものがあるのですが、サッカーにもあるはずなんですよ、「絶対に決まるフォーム」というものが。それを地で行っているのが中村俊輔選手なんです。

――なるほど。

特にFKに関しては、突き詰め方がすごい。実際に多くのゴールを決めていますが、突き詰めているレベルも日本で一番でしょうね。番組ではFKを特集しましたが、放送の中で中村選手が言っていた「どこから蹴っても入るようにする」ということは、僕が久保建英選手に言っていることでもあります。ＦＫは、壁の状況がどうであろうとキーパーと1対1の感覚で蹴ればいい、と。それから実際、映像を渡しているので、久保選手と中村選手のＦＫのフォームは似ていますよね。

――インパクトの瞬間の姿勢がそっくりですね。

メディアの側から発信するうえでは、「新しいコトバ」を作ることも大事ですね。例えば「攻撃のスイッチ」という言葉は、僕が最初に使ったのですが、今では多くの人が使っています。

――自分から意見を言うということは、サッカーを観ながら自分なりの視点を持つということですよね。

そうです。しかも責任をともないます。サッカーの解説だけではなく、技術を追求していくことで言えることもあります。それこそ、選手を相手に〝下手なこと〟は言えませんからね。話すことで見えるものは確かにあります。

先ほど言った「攻撃のスイッチ」というコトバもそうです。それを1つ作っただけで、サッカーの新しい観かたができました。今では共通ワードですよね。それをもっと増やした方がいい。スペイン語では、「抜くドリブル」と「運ぶドリブル」に、それぞれ違うコトバが使われます。僕はそういうサッカーのコトバを増やしていきたいし、スポーツのコトバも増やしていきたい。それによって、「あれってこういうことだよね」とみんなが1つ前に進むことができますよね。

コトバのカテゴライズがサッカーを進化させる

中西氏の話を聞きながら、筆者はあるエピソードを思い出していた。2016年3月に行われたJ1第2節。4-4のドローとなった川崎F対湘南を取材していた筆者は、試合後のミックスゾーンで（記者が選手に囲み取材で談話できるエリア）川崎Fの中村憲剛に、試合のポイントを尋ねた。その時、川崎Fの4点目を生んだ小林悠のアシストをお膳立てした、左サイドバックの車屋紳太郎のプレーに関して、こんなやりとりがあった。

筆者　「終盤に追いついた4点目ですが、車屋選手のクロスの前に大島（僚太）選手のサイドチェンジが1回入ったじゃないですか。あそこからサイドチェンジを入れたことで、サイドからクロスを合わせるというプレーは川崎らしくないところでも、狙いに川崎らしさが出たといったところでしょうか」

中村憲剛「要はあのクロスも投げやりで上げているわけじゃなくて、たぶん（車屋）紳太郎も（小林）悠の動きが見えているわけで。悠もあそこに紳太郎が蹴ると考えて行っていると思う。言ったらクロスじゃなくて（サイドからの）パスですよね。あれをクロスと言うのかパスと言うのかで、観ているみなさんの質も問われるわけで。間違っちゃいけないのはパワープレーが悪いわけじゃないし、そのボールの質ですよね。アバウトに蹴っているのか、ちゃんと狙って蹴っているのか。それを正確に評価してほしいなというところはあります」

筆者「それはわかりますよ。ただ、イングランドのプレミアリーグなんかだと呼び方はクロスでも、しっかり受け手を狙って蹴っている。あれがクロスとも言えますよね」

中村憲剛「そうですよね。だからその定義が難しいわけで。こういう話をみなさんとするのはすごく有意義なことだと思う。あれをクロスと言うのかパスと言うのか。それだけでサッカーが変わりますから。あれを俺はパスだと思います」

中西氏とも親交のある**中村憲剛**のコトバは、まさにカテゴライズの問題だった。そこで筆者は中西氏に、大まかに「クロス」として表現される「横からのパス」について、どのようなコトバを当てはめるべきかと尋ねた。

——今の話を聞きながら思ったのですが、湘南戦の後に中村憲剛選手と話した時に出た「横からのパス」というのは、どう表現したらいいですかね。クロスの中でも、キーパーとディフェンダーの間に通す、あるいは密集したゴール前に放り込むアバウトなボールではなく、崩しの形からターゲットとなる味方を狙ったボールのことです。

確かに点で合わせるのは大事ですよね。面も大事だけど、それだとクロス自体がラストパスという定義にならないと。作ればいいと思いますよ、河治さんが。

もちろん、クロスを上げておけば怒られないということも、実際にはありますね。クロスを上げておけば自分のせいにならないという、責任逃れのクロスも多いんです。あるいは、とにかく速いボールをスペースに蹴ってくれ、そうすれば俺が飛び込んで合わせるからと要求するフォワードもいます。それでゴールになれば問題ないと。でもクロスはラストパスだという意識で、もっと丁寧に上げた方がいいと思うケースも多くあります。

そうだ。海外サッカーを観ている時によく聞きますが、「デリバリー」ではどうですか。ピンポイントのデリバリー。宅配ピザみたいなものでしょ（笑）。隣の家に行ったら困る。配達する。クロスというのは抽象的ですからね。

――なるほど。「デリバリー」もクロスの範疇かもしれないけど、より狙いが伝わりますね。

「正確にそこに届けますよ。届けてはじめてデリバリー成功ですよ」といった感じがします。僕はいつも、誰かに「サッカー辞典」を作ってもらいたいと思っているんです。サッカー界のためにも、もっとたくさんサッカーの名前を作った方がいいんです。

――そうかもしれません。例えば日本人は、「4-4-2」というと、パズルゲームのように「4-4-2」を解釈してしまいがちですが、そこをさらに細分化して、表現がアバウトなところのメカニズムを徹底的に明確にしてコトバを作っていけば、実際の選手や監督のイメージに近いレベルで定着するかもしれませんね。

先ほど話した「試合の潮目」にも関係することですが、僕は得点の状況をカテゴライズするということをしています。カテゴリーは2つ。1つは「シビアゴール」。先制点、同点ゴール、逆転ゴール、勝ち越しゴールがこれに該当します。残りは追加点。1点差が2点差、2点差が3点差になるようなゴールですね。これを分けて捉えると、全然違うんです。

シビアゴール以外のゴールは、比較的余裕がある状況が多いので、〝おしゃれ〟なゴールが発生しやすいんですよ。その違いはデータとしても重要視しています。一方でシビアゴールの状況では、力みや焦りが出やすいので、シュートの特徴がかなり違うんですね。

――シュートのポイントをわかりやすく教えてください。

僕は選手にゴールを立体的に見て「四角錐の体積を増やせ」と言っています。だから久保建英選手は巻いたシュートやループシュートも多い。なでしこジャパンのエース、永里優季選手も基本的には外から巻くシュートが多い。そういうシュートは、キーパーが届かないから、物理的に入りやすいんです。でも強いシュートじゃなければ入らないと思うのは、余裕がないからです。

シビアゴールの状況では、強いシュートが多い。でもシビアゴール以外のゴールにも、実はヒントがあるんです。それがデータの扱いの難しさですが、カテゴライズしたらわかったわけです。ペナルティエリアの外からのシュートもどんどん減っているんです。シビアゴールでも、ペナルティエリア外から入るシュートもあるのですが、難易度が高いので本当にすごいシュートしか入らない。

――リラックスしていた方が、いいシュートを打ちやすいわけですね。

例えば、永里優季選手がアメリカ戦で決めたゴールがまさにそうでした。0－4から1－4になったゴールです。

カナダで開催された2015年FIFA女子ワールドカップ決勝の日本対アメリカ。最終的に2-5で大敗し、日本は連覇を逃したのだが、アメリカにあっという間に4点差にされたあとに、1点を返した永里のゴールは見事だった。

前半27分に中盤からのサイドチェンジを受けた川澄奈穂美が中に切り込みながらペナルティエリア内にパスを送ると、ペナルティエリアの左から中央に流れた永里は右足のファーストタッチで付いてきたDFジュリー・ジョンストンの逆を取り、左足のインフロントで巻くシュートをゴール左に決めた。

あれは練習していた通りのシュートでした。そういうふうに自動化するために、論理的なトレーニングから始めて、それをだんだんと無意識化させていき、最後の判断でシュートをするんです。

――「最後の判断」というのは打つか、止めるかですか。

本番で考えることはそれですよね。最後に止めるかどうか。最後の最後に判断を変えられるのが一流選手です。動きを自動化するところまで行かないと、最後に止めることもできません。普段から動きが自動化されるように、論理化させて、トレーニングを積み重ねて、最後に止めるかどうかはキーパーとディフェンスを見て決めればいい。

――なるほど。それを「シビアゴール」でできたらスペシャルですね。

もちろん技術的には高いものが要求されます。例えばニアハイ（近い方のポスト側の上部）に蹴る場合は肩を下げないとスムーズに打てません。

――日頃の練習によって自動化まで持っていかなければ、そうしたシビアな状況で本当に良いシュートは打てないということですね。その他にテレビでサッカーを観る視聴者に向けて、中西さんが注目してもらいたいプレーはありますか？

僕が、中村俊輔選手や久保建英選手などと情報や映像を共有している、トップクラス選手のスーパープレーには、難易度の高いものも多くありますが、絶対に子供のうちにやっておいた方がいいことがいくつかあります。それは、言われれば誰にでもわかるような、すごく簡単なことです。でも、それができていない選手が多いんです。

その1つが、ドリブルです。ドリブルは横に動けないとディフェンスを外せません。ボールと一緒に横に動くんですよ。斜め前だとディフェンダーの足に引っかかってしまいますよね。相手のリーチが長い場合には、特に。でも、久保選手には、横に動くことを繰り返し繰り返し教えています。彼は、その動きをマスターして、右にも左にも自由に動けるようになりました。普通は、右利きの人は右、左利きの人は左に動くのが得意ですが、逆方向にもスムーズに動かなきゃいけない。僕はまず、そこから変えたいんです。日本人はコンパスが小さいので、軸を動かしていかなければ、相手のマークを外せないわけですよ。だから、横に外す動きが必要なんです。

＊　＊　＊　＊

インタビュー終盤には、EURO2016でベルギー代表ラジャ・ナインゴランのスーパーな「シビアゴール」を熱心に解説するなど、1つのプレーについて語り始めると、誰にも止められないほどの勢いで、話題はどこまでも深くなっていく。

だが仮に、その場に視聴者がいて、筆者の隣で中西氏の解説を聞いていたとしても、そのコトバの真意は飲み込めるはずだ。それは、中西氏のコトバの中に、サッカーだけでなく、様々なスポーツに共通するメカニズムのエッセンスが入っているためだ。

気が付けば、インタビューは予定時間を大幅に超えていた。それでも話が尽きないのは、少しでも多くの人にサッカーのエッセンスを伝えたい、さらに自分も貪欲にサッカーを学んでいきたいという、中西氏の情熱の証だろう。筆者も時間を忘れ、思わず引き込まれてしまった。

サッカー専門チャンネルでさえ、滅多に聞くことができないマニアックなテーマを地上波に持ち込んだ中西氏が、なぜ、視聴者に支持されるのか。それは、彼の解説のわかりやすさと情熱が、テレビを通じてお茶の間に伝わるからだろう。

中西氏は、日本がワールドカップで優勝する日が来ることを本気で願っている。彼のコトバをきっかけに、選手、メディア、ファンのサッカー観が熟成され、日本サッカーが進化した時、その夢は現実になるかもしれない。

★中西哲生のコトバ

- 録画観戦する時は、結果を知らずに観る
- 0-0の時間帯を大切に
- サッカーにまつわる〝マジックワード〟を疑え

終章

「サッカーファン総解説者」の時代へ

サッカー中継やサッカー番組に解説者は付きもの、というのは日本の常識だ。しかし、実のところ、解説者がいなければ中継や番組が成り立たないというわけでもない。解説者とは、いわば〝ぜいたく品〟のようなものである。だからこそ解説者は、サッカーから大事なエッセンスを抽出し、できるだけ視聴者にわかりやすく伝えることで、サッカー中継に付加価値をつけようとする。

そこで、解説者が伝えようとしているコトバに視聴者の側からアプローチすることで、サッカーの観かたをさらに深めることができる、というのが本書の狙いだった。そうして取材と執筆を進めていく中で、筆者が強く思ったのは、「語り手である前に、解説者も観戦者の１人だよな」ということだ。

反町康治氏が「『いいシュートでしたね』は誰にでも言えます。『なぜ、いいシュートを打てたのか？』を噛み砕いて伝える。それが解説者の仕事です」と語った。そのコトバに筆者も強く同意するが、それもまた1つの解釈だ。そのシーンにおいて反町氏が感じ、解釈し、コトバに表したことは、**都並敏史**氏のそれとも、**後藤健生**氏のそれとも、**中西哲生**氏のそれとも違う。どれが正しく、どれが間違っているか、あるいはどれがより適切かという話ではない。目の前で行われているプレーは1つでも、そのプレーのどこに着目し、どのようにコトバに変えていくのか、という勝負なのである。サッカーの観かたと伝え方は、100人の解説者がいれば、100通り存在することになる。

解説者はサッカーを観て語るプロであり、それを仕事として引き受ける以上、視聴者に有意義な情報や視点を提供する存在でなければならない。だからこそ、事前に可能な限り情報を収集・整理し、いざ試合が始まれば、目まぐるしく移り変わる試合の流れを目で追いながら、伝えるべきコトバを選んでいく。そこで語られるのは、どれ1つ取ってもこの世に2つとは存在しない〝解説者のコトバ〟だ。一人ひとりの視聴者が、解説者のコトバを知り、そこに自分なりの視点や考えを重ね合わせる時、サッカーの観かたには、新しい〝化学反応〟が起こりうる。

SNSが普及した現在は、一般の視聴者も試合を観ながら自由に意見を発信できるし、ファンの間での情報共有も容易になった。試合が終われば、配信サービスのハイライトでゴールシーンやビッグセーブなどをチェックし、それぞれの視点でサッカーを評価することもできる。極端に言えば、すべてのサッカーファンが「アマチュア解説者」になれるわけだ。その中で解説者のコトバは、視聴者が公共的に受け取れる「信頼できる1つの見解」として、ファンに吸収されていくだろう。その流れが確かなものになれば、一般視聴者のサッカーの観かたもおのずと押し上げられていくはずだ。

「サッカーファン総解説者」へ――

その気運が高まるほど、サッカーを取り巻く環境は豊饒なものになっていく。プレーに対する良い意味での厳しい評価も当たり前になっていくはずだ。そして、サッカーファンの成長に応じて、解説者のコトバにも、より高いクオリティーが求められていくことになるだろう。

本書が編み上げたコトバの数々は、サッカー解説者を理解するための手がかりに過ぎないかもしれない。ただ、解説者のコトバにどのような意味があり、何を伝えようとしているかを意識しながらサッカーを観るための、1つのきっかけにはなるのではないか。そこで語られるコトバの中には、もっと楽しくサッカーを観るためのヒントが、数多く含まれているのだから。

おわりに代えて

最後に、今回はタイトなスケジュールの中で、5人の識者に貴重な時間をいただき、普段はなかなか知り得ない話を聞かせていただいた。本来サッカー解説者とは、サッカーを評価する側の人間であり、このような場で自身の解説スタンスを明かすことは、1つのリスクにもなりうる。それにもかかわらず、本書の意図を受け止め、快諾していただいたことに感謝したい。

またサッカー専門新聞『エル・ゴラッソ』創刊からの仲間であり、今回の機会を作ってくれた編集担当の池田孝氏にもこの場を借りて感謝したい。またこのような本を執筆できるのも、様々な媒体で筆者に原稿を依頼してくれるメディアの方々、その記事を読んでくれるサッカーファンのお陰であることは言うまでもない。

本書を読んでくれた方のサッカーの観かたに、少しでもプラスの変化が生まれてくれれば、この上ない幸いである。

2017年7月

サッカージャーナリスト　河治良幸

河治良幸（かわじ・よしゆき）

【著者略歴】

スポーツジャーナリスト。1973年東京都出身。Ｊリーグから欧州リーグ、代表戦まで、グローバルな視点でサッカーを評論。サッカー専門新聞『エル・ゴラッソ』をはじめ多数のサッカーメディアに寄稿。近年はサッカー解説者としても活動する。主著に『サッカー「番狂わせ」完全読本 ジャイアントキリングはキセキじゃない』（東邦出版）、『勝負のスイッチ』（白夜書房）。

解説者のコトバを聴けば
サッカーの観かたが解る

発行日	2017年9月1日　第1刷
著　者	河治良幸
発行者	清田名人
発行所	株式会社内外出版社 〒110-8578 東京都台東区東上野2-1-11 電話　03-5830-0368（販売部） 電話　03-5830-0237（編集部） http://www.naigai-p.co.jp
印刷・製本	日経印刷株式会社

© 河治良幸　2017 Printed in Japan
ISBN 978-4-86257-311-7
乱丁・落丁は送料小社負担にてお取替えいたします。